Sigrid Tinz

Selbst ist die Pflanze

Gedruckt auf
100% Recyclingpapier

Sigrid Tinz

Selbst ist die Pflanze

Einfach gärtnern – wie Samen sich verbreiten und den Garten gestalten

pala verlag

Pflanzen auf den Umschlagfotos:
Vorderseite: Löwenzahn (großes Foto), Storchschnabel (unten links), Zimbelkraut (unten rechts), Rückseite: Reiherschnabel

Inhalt

Bei mir gärtnern die Blumen selbst

Sich fortbewegen wie die Tiere, laufen, fliegen, kriechen oder gar wie wir das Auto oder Flugzeug nehmen – all das können Pflanzen nicht, sind sie doch fest im Boden eingewurzelt. Aber trotzdem sind sie auf einmal da, sie wachsen ganz von alleine überall, oft jedes Jahr woanders und manchmal an den ungewöhnlichsten Orten: mitten im Sandkasten, im Kellerschacht, auf dem Scheunendach.

Als Kind fand ich das faszinierend.

Heute weiß ich natürlich, wie sie das machen, und durch mein Geoökologie-Studium und durch meine Arbeit als Garten- und Natur-Journalistin sogar ziemlich genau. Dass nicht die einzelnen, festverwurzelten Pflanzen fliegen, kriechen, laufen und schwimmen, aber ihre Nachkommen sehr wohl: Lindenpropeller oder die kleinen Löwenzahn-Fallschirmchen kennt wohl jeder von uns. Oder die Mohnkapseln, aus denen der Wind die kleinen, schwarzen Samen herausschüttelt und sie so gleichmäßig und weiträumig in der Umgebung verteilt. Manche Pflanzen schicken lange Stängel, unter der Erde oder über ihr, um neue Wurzeln und Blätter auszutreiben, wenn sie auf fruchtbaren Boden treffen. Viele lassen sich von Tieren helfen: Die fressen die Früchte und lassen die Kerne liegen, transportieren Samen unbeabsichtigt an Federn, Fell und Pfoten. Auch wir Menschen zählen dazu, nebenbei wie Vögel, Igel, Eichhörnchen und Co., aber wir transportieren Pflanzen auch absichtlich, als Kulturleistung sozusagen.

Faszinierend finde ich es nach wie vor. Und seit ich einen eigenen Garten habe, finde ich es unglaublich praktisch.

Was mich als Kind nämlich auch faszinierte: Wie viel Arbeit sich viele Menschen mit ihrem Garten machten, meine Eltern, meine Großeltern, die Nachbarn. Nicht nur im Gemüsegarten, sondern auch bei den Blumen. Was von alleine wuchs, grünte und blühte, wurde geschnitten und ausgehackt, der Boden geharkt. Kisten voller Topfpflanzen wurden gekauft, eingesetzt, gegossen, gegossen und gegossen, auf Läuse und Mehltau beobachtet und behandelt. Was dazwischen von alleine wuchs, wurde gejätet. Ausläufer wurden gestutzt, Stängel gestützt, vertrocknete, verblühte Stauden ausgegraben, neue gesetzt. Dahlien überwintern, Tulpen übersommern, Blüten ausputzen, düngen, stützen, stutzen, hacken und harken und gießen, gießen, gießen. Blasen, Schwielen, Rückenschmerzen. Immer nur Arbeit. Statt den Anblick zu genießen, die Farben, die Formen, den Duft, den Wandel im Jahreslauf. Und dann im

Winter wochenlang nichts, nichts, nichts im Garten; nur ordentlich aufgeräumte nackte Erde und kahle Beete, es sei denn, es schneite.

Einen eigenen Garten? Lieber nicht.

Dann hatte ich auf einmal einen. Mit Apfelbaum und Efeuhecke, vom Hausbau zerwühlter Rasenfläche, die Mitte schnell besetzt von großem Sandkasten, Fußballtor und Feuerstelle. Ich habe Bücher gewälzt, schöne Ideen gesammelt und schlecht geträumt, von den Kosten für ein komplett nach Profiplan bepflanztes Staudenbeet und davon, ob ich dann für jede Pflanze den richtigen Standort finden würde. Da ist ja mehr als »sonnig oder schattig«, »frisch oder trocken« zu beachten, sondern vielmehr ein hochkomplexes System aus Kleinklima, Bodenart, Niederschlag, Bodenfeuchte, Konkurrenz um Nährstoffe sowie Sonneneinstrahlung.

Klar, irgendwas wächst immer, die Natur macht es auch von alleine, null nackte Erde, das ist ihr Motto, und sie sprengt auch zur Not Beton. Nach den ersten zähen Kräutern kommen Sträucher, bis am Ende vielleicht ein Wald gewachsen ist, das ist das Grundprinzip, was sich hinter dem Fachwort Sukzession verbirgt. So wie es ja auch nach der Eiszeit passiert ist.

Aber das dauert. Die Natur hat auch viel Zeit, viel mehr Zeit als wir ungeduldige Gärtner. Und wenn schon, dann will ich meinen Garten auch schön haben, voller Blüten rund ums Jahr, mit Schmetterlingen und Vögeln.

Und ich fand einen Kompromiss, über den ich mich bis heute Tag für Tag freue: das Gärtnern mit selbstständigen Pflanzen. Damit meine ich Arten und Sorten, die gut für sich selber sorgen können, Sommertrockenheit, Wintermatsch und Kälte überstehen, und jedes Jahr wiederkommen. Pflanzen, die sich reich und von alleine versamen oder über Ausläufer durch meinen Garten wandern, und so selbst herausfinden, wo ihnen der Standort zusagt. Die auch unter sich ausmachen, wer in der Sonne wächst und wer im Schatten, und die auf Zack sind, wenn es eine Lücke zu füllen gilt – weil doch mal eine Kollegin vertrocknet oder erfroren ist oder sich einfach früh im Jahr schon wieder zur Ruhe zurückzieht. Aber wenn sie sich selbst ausbreiten können, ist immer für Nachschub gesorgt.

Damit habe ich natürlich nichts Neues erfunden. Jeder von uns macht das mehr oder weniger, verlässt sich darauf, dass sich seine Akelei durch Versamung selbst erhält und nicht nachgekauft und nachgepflanzt werden muss. Setzt bei Narzissen und Schneeglöckchen auf Sorten, die »verwildern«. Oder pflanzt Bodendecker, die freudig Teppiche bilden und so schnell die Erde bedecken. Aber einzelne Arten mehr oder weniger zufällig zu begrüßen und machen zu lassen, ist das eine. Zu wissen, wie Sie die richtigen Sorten gezielt an den Start und auf Trab bringen, sie fördern und fordern und lenken können, das ist noch mal was anderes. Genau darum geht es in diesem Buch. So natürlich wie möglich, so gestaltend wie nötig, sodass sich Mensch und Blumen wohlfühlen.

Und es ist völlig entspannt. Denn wenn sie erst mal gestartet sind, dann machen die Pflanzen alles fast von ganz alleine, selbstständig eben. Aber eben nicht einfach irgendwie, sondern so, wie es Ihnen als Gärtnerin oder Gärtner gefällt.

Wissen heißt nicht, dass Sie Fachbegriffe lernen und den genauen Unterschied zwischen Stolon und Rhizom und die Handvoll an Untergruppen dazwischen genau kennen müssen. Weswegen ich mich weder mit dem Anspruch auf Vollständigkeit noch mit der exakten wissenschaftlichen Bezeichnung für Samen, Nüsse, Kerne, Blumen und Blütenpflanzen aufgehalten habe. Oft ist es ja so, dass jedem klar ist, was gemeint ist, und zwar möglicherweise besser, wenn man die gebräuchliche Bezeichnung »Teil« verwendet. Und so soll auch das ganze Buch sein: für den Hausgebrauch, den Hausgarten – nicht für die Gartenschau.

Aber: »Man sieht nur, was man weiß« – dieses Zitat stammt sinngemäß von Goethe. Und je mehr man weiß, desto mehr sieht man. Wir werden sehen, welche Pflanze sich wo ansiedelt, und mit dem Wissen, wie sie dahin gekommen ist, werden wir sie auch woanders viel besser hinlocken können. Oder umgekehrt, Sie werden erfahren, wie Sie ihr beikommen, wenn sie da eigentlich gar nicht hin sollte. Denn, wer mit so offenen Armen gärtnert, wird natürlich Pflanzen im Garten treffen, die

Sehr selbstständig im Gemüsebeet oder auch in den Pflasterfugen unterwegs: Franzosenkraut, das gemeinhin als störendes Un-Kraut gilt – und lecker schmeckt.

landläufig als »Unkraut« gelten und womöglich auch noch als »Neophyt mit starkem Ausbreitungsdrang«. Ich selbst habe mir abgewöhnt, in diesen Kategorien zu denken, sondern nehme nur mich und meinen Garten als Maßstab: Ich jäte nichts aus Prinzip, sondern nur, wenn es mir aus irgendeinem Grund zu selbstständig war, zu viel, am falschen Ort oder einfach nicht mein Geschmack. Wie die altrosa Akelei, die sich ab und zu in meine weiß und lila blühenden mischt und die ich abschneide, bevor sie sich versamen kann. Die Farbe gefällt mir einfach nicht. Das doch sehr als Un-Kraut geltende Franzosenkraut darf aber gerne bleiben. Ich mag die Blüten, und besonders im Gemüsebeet neben Mangold und Salat ist es sehr willkommen. Die Blätter schmecken ähnlich wie Spinat und können gleich mitgeerntet werden.

Wer ein sachliches Verhältnis zu diesen Pflanzengruppen hat, ist gut bedient beim Gärtnern mit selbstständigen Pflanzen, weil es so noch entspannter geht. Aber notwendig ist es nicht unbedingt. Sie werden sehen, dass es auch genug durch und durch »gute« und »brave« Vertreter bei den selbstständigen Pflanzen gibt.

Noch mal zum Wissen: Je mehr Sie wissen, desto mehr bekommen Sie ein Gefühl dafür, was zu Ihnen passen könnte, je mehr Sie so gärtnern, desto besser wird Ihr Händchen und umso preiswerter, ökologischer, persönlicher, entspannter, pflegeleichter, wundervoller wird Ihr Garten.

Reisen Sie also in den ersten Kapiteln erst mal ein bisschen mit den Pflanzen – sie fliegen, kriechen, springen und schwimmen –, bevor Sie sich den einzelnen Arten, Ihrem Garten, Ihrem Beet und Ihren Wünschen widmen.

Wer ungeduldig ist wie Springkraut, kann gleich die Artenliste ab Seite 149 auf seine selbstständigen Lieblingsblumen checken oder nach der Standortbeschreibung suchen (ab Seite 69), die für ihn am besten passt.

»Selbstständig« ist allerdings keine botanische Kategorie, in die man eine Pflanze eindeutig einsortieren kann wie in die üblichen Einteilungen einjährig, mehrjährig oder ausdauernd, heimisch oder exotisch und giftig oder ungiftig. Wobei auch das nicht so einfach ist. Genauso wenig kann man einer Blume exakt eine Verbreitungsart zuordnen, das werden wir gleich im ersten Kapitel sehen.

So richtig eindeutig lässt sich eigentlich keine Pflanze in die von Wissenschaftlern gezimmerten Schubladen stecken und wenn Sie ein und dieselbe Art an verschiedenen Stellen im Buch immer mal wieder finden, dann ist das kein Fehler oder Ihre falsche Erinnerung. Der Text ist vielmehr nur ein Abbild dessen, was er beschreibt: Wie durch den Garten, wandern die Pflanzen auch durch dieses Buch, sie erscheinen unerwartet überall dort, wo es ihnen gut gefällt.

Es ist immer wieder spannend zu sehen, wie und wo Pflanzen ein Plätzchen finden.

Zu Fuß, zu Wasser, in der Luft: wie Pflanzen sich verbreiten

Pflanzen bewachsen alles: Wälder und Beete, Flachdächer und Kellerschächte, Industriebrachen, Zäune und Teiche. Und fast überall kommen sie da ganz alleine hin. Sie schaffen es über Straßen und Flüsse, sie erklimmen Wände und erscheinen auf einmal an Stellen, wo kein Gärtner sie je hingesetzt hätte: das kleine Wilde Stiefmütterchen auf dem Parkplatz, die Birke auf dem Sims der alten Scheune, der Gelbe Lerchensporn in der Mauerfuge.

Jede Blume, jedes Kraut und jeder Baum hat seine eigene Art, zu wandern und zu reisen. Pflanzen verteilen ihre Samen ganz zufällig oder sehr gezielt, die Samen können fallen, rollen, schweben, schwimmen oder sich an die Füße einer Ente heften. Ob der Regen die reife Samenkapsel aufklopft oder der Wind die Samen herausschüttelt, dahinter steckt System. Und nicht nur Samen: Manche verteilen auch Sporen, die Farne zum Beispiel. Und manche schicken Ausläufer in die Umgebung. Jede dieser Verbreitungsarten haben Botaniker ausführlich erforscht und mit Fachbegriffen säuberlich in verschiedene Strategien eingeteilt. Geobotanik heißt die Wissenschaft genau, man kann auch Arealkunde dazu sagen oder Chorologie, von griechisch *chóra* (= Land, Raum, Areal). Ein schönes Wort, das uns noch häufiger begegnen wird, denn natürlich haben die Wissenschaftler auch all ihre Kategorien säuberlich mit Fachbegriffen benannt, die jeweils immer auf »chorie« enden. Und auch für die ganz lebenspraktische Tatsache, dass Biologie keine Mathematik ist und die meisten Pflanzen nicht in die Schublade passen, die man für sie gezimmert hat, und mehrere Verbreitungswege nutzen, gibt es einen Begriff: Polychorie (*poly* = viel).

Merken müssen Sie sich das nicht alles, keine Sorge. Aber wissen, dass es das gibt, schadet nicht. Ein bisschen ist es wie beim Kuchenbacken. Es ist nicht nötig, genau zu wissen, was sich chemisch und hochkomplex beim Backvorgang alles abspielt. Aber es ist wichtig, dass man weiß, wie man es in Gang setzt, also wie man Mehl, Butter, Zucker und Eier so zusammenrührt, dass daraus ein Teig wird, der aufgeht, sich lecker bräunt und fluffig aus der Form kommt.

Ganz einfach und nicht viel anders ist es beim Gärtnern. Oder bei der Mauer mit dem Lerchensporn. Es wirkt wie ein kleines Wunder, wie er auf der schattig feuchten

Mauer seine gelben Blüten leuchten lässt, in vielen Metern Höhe. Wie ist er da nur hingekommen? Und wie können Sie noch mehr davon dort hochbekommen?

Sie können säen, Wildpflanzen oder extra zum Verwildern gezüchtete Sorten kaufen und per Trial-and-Error-Methode versuchen, die Fuge zu finden, in der ein weiteres Exemplar leben mag. Viel einfacher können Sie es machen, wenn Sie wissen, dass Lerchensporn von Ameisen verbreitet wird. An seinen Samen bildet er ein süßes, fettes, vitaminreiches kleines Anhängsel – und Ameisen lieben das. Sie schleppen den Samen weg, fressen das Anhängsel irgendwo und lassen den Rest liegen, idealerweise in einer Mauerfuge mit ein bisschen Humus – wo daraus dann ein neuer Lerchensporn keimt, wächst, blüht, fruchtet und neue Ameisenbrötchen produziert für noch mehr Ameisen, die damit noch mehr Samen die Mauer hoch- und runtertragen. Der eigentliche Trick ist also, sich mit den Gartenameisen gut zu stellen und irgendwo an den Mauerfuß ein, zwei, drei Initialpflanzen Lerchensporn zu setzen. Danach läuft es.

Im hinteren Teil des Buches, in der Liste der Wander-Blumen (ab Seite 149), steht bei jeder Pflanze noch mal dabei, wie Sie als Gärtner sie in Stimmung bringen, sich zu vermehren, Samen zu bilden und diese auf ihre jeweilige Art in die Welt hinauszuschicken. Umziehen und auswandern, das macht ja nicht die einzelne, fest verwurzelte Pflanze. Und das ist auch gut so. Schließlich wollen wir ihren Anblick jederzeit genießen können. Stattdessen schicken Blumen und Bäume ihre Kinder in die Welt hinaus, und das sind in den meisten Fällen (generell und auch aus gärtnerischem Blickwinkel betrachtet): Samen.

Gelb, Weiß, Rosa, Rot

Vor den Samen kommen die Blüten. Ein Glück, denn wenn wir ehrlich sind, ist es doch das, was uns Gärtnernde interessiert. Ja, auch Bodendecker und Strukturpflanzen, die im Winter gut aussehen. Ist aber alles nichts gegen das erste Schneeglöckchen, das im Winter seinen Kopf aus der Erde streckt. Und das ist nichts gegen schäumendes Vergissmeinnicht und haufenweise leuchtende Osterglocken, Sommerblumen wie im Garten Eden und die spät blühenden Rosen im Herbst.

Wer auf selbstständige Pflanzen setzt, hat doppelt Grund, die Blüten im Blick zu halten. Denn damit die Blumen wandern, brauchen sie meist Samen. Und damit diese kommen, müssen Männlein und Weiblein zusammentreffen, Pollen auf Fruchtknoten. Viele Pflanzen haben männliche und weibliche Teile in einer einzigen Blüte. Aber auch sie brauchen oft den Pollen von einem anderen Exemplar, weil der eigene nicht immer fruchtet und auch nicht fruchten soll: Frische Gene sind besser. Und dann gibt es Pflanzen, die rein weibliche und rein männliche Blüten haben – einhäusig auf ein und derselben Pflanze oder zweihäusig auf zwei verschiedenen. Bei diesen ist sowieso klar: Irgendwie muss der Pollen von A nach B. Denn auch das können die Pflanzen, fest eingewurzelt wie sie sind, nicht alleine. Viele verlassen sich auf den Wind und schicken ihre Pollen per Massenwurfsendung in die Lüfte, damit sie irgendwo einen passenden Fruchtknoten finden. Viele setzen auf tierische Hilfe. In unseren Breiten sind das im Wesentlichen Insekten, woanders auch Vögel und Fledermäuse. Und die müssen irgendwie angelockt werden, denn Hummeln, Bienen, Schmetterlinge und Co. fliegen die Blüten nicht an, um der Blume zur Fortpflanzung zu verhelfen, sondern ganz profan und egoistisch, um zu fressen: Pollen und Nektar. Das Bestäuben passiert so nebenbei, weil sie sich bei der einen Blüte mit Pollen besudeln und in der anderen ein bisschen davon auf die Narbe des Fruchtknotens schmieren.

Die Blüten dienen der Pflanze dazu, die richtigen Bestäuber anzulocken, mit Farben, Formen, Duft – alles Signale für die Insektenwelt, dass es etwas zu holen gibt. Und der Anblick freut natürlich auch den Gärtner. Allerdings sagt unsere menschliche Wahrnehmung und die jeweilige Zuchtmode wenig aus, ob es eine Pflanze bestäubungstechnisch so richtig krachen lässt. Im Gegenteil, die vermeintlichen Stars im Staudenbeet sind für die meisten bestäubenden Tiere total unattraktiv: Bei gefüllten Blütenköpfen sind die fruchtbaren Staubblätter zu schönen, aber sterilen Kronblättern umgezüchtet, fruchtbare Röhrenblüten zu sterilen Zungenblüten. Hübsch, aber leer. Und selbst wenn noch irgendwo Pollen oder Nektar sein sollte, kommen Bienen und Hummeln nicht durch die üppigen Pompons durch und dran.

Aber es gibt genügend Arten und Sorten, die allen Ansprüchen genügen. Wer seine Bestäuber im Blick hat und auf ungefüllte Blüten setzt, bekommt viele Früchte, deren Samen sich dann im Garten weiterverbreiten können, und lenkt alles nach und nach in eine Richtung, die von alleine gut funktioniert und Jahr für Jahr wieder tolle Blüten hervorbringt. Hochkomplex das Ganze, aber dann doch wieder sehr einfach.

Samenkörner, ihr müsst wandern: wie Pflanzen ihre Kinder in die Welt schicken

»Schicken« ist schon durchaus wörtlich zu nehmen, die meisten Arten versuchen, die Kids ein bisschen herumkommen zu lassen, auf der Suche nach ihrem eigenen Platz in der Welt. Direkt neben der Mutter würden sie auch schnell mit ihr um Licht, Wasser und Nährstoffe konkurrieren. Und es könnte in der übernächsten Mauerfuge oder jenseits des Gartenzauns ja auch noch viel bessere Wachstumsbedingungen geben!

Plumps, da liegt er unten: Selbstausbreitung durch freien Fall

Wenn die Samenkinderchen auf sich selbst gestellt sind, die Welt zu entdecken, nennen Fachleute es Autochorie, und wenn sie dabei den einfachsten und direkten Weg wählen und sich zu Boden plumpsen lassen, Barochorie: die, die sich mit der Schwerkraft ausbreiten.

Barochorie (von griechisch *baros* = Schwere) ist besonders für viele Laubbäume und -gehölze typisch. Eichen und Haselnusssträucher nutzen beispielsweise diesen Ausbreitungsmechanismus, Buchen und natürlich auch die Kastanien. Weit kommt man so natürlich nicht, nur wenn wie bei der Rosskastanie die Frucht schön rund ist und noch ein paar Meter rollt, ein bisschen weiter. Auch die Wald-Erdbeere lässt ihre Früchte trocknen und die Nüsschen darin zu Boden rieseln, allerdings nur die, die nicht vorher schon gefressen wurden und durch die Verdauungsvorgänge an einem anderen Platz in der Natur wieder ans Tageslicht gekommen sind.

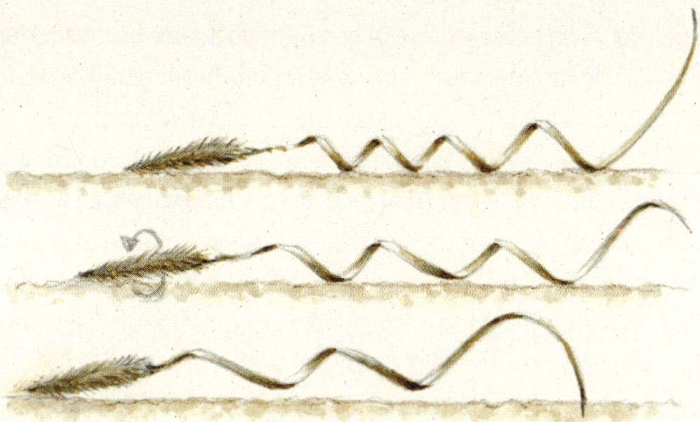

Die Früchte des Reiherschnabels rollen sich am unteren Abschnitt bei Trockenheit spiralförmig zusammen. Bei Feuchtigkeit strecken sie sich, wird es trocken, rollen sie sich wieder auf. So kriechen sie langsam vorwärts oder schrauben sich in die Erde.

Bei manchen Arten können die Samen ein bisschen laufen und so lockere, weiche Erde finden: Das nennt sich Herpochorie (von griechisch *herpein* = kriechen). So macht es zum Beispiel der Gewöhnliche Reiherschnabel *(Erodium cicutarium)*. Ein eher unscheinbarer Pionier, der sich mit seinen Früchten kriechend fortbewegt. Die Früchte sind, wie der Name schon sagt, schnabelförmig. Sie zerspringen in Teilfrüchte und wenn sie trocken sind, rollen diese sich wie eine Spirale zusammen. Wenn es regnet oder neblig ist, wird diese Spirale wieder feucht und damit elastisch. Sie streckt sich; vorwärts, seitwärts, rückwärts, aber auf jeden Fall ein Stück weiter. Trocknet sie wieder aus, rollt sich die Teilfrucht erneut zusammen. So kriecht sie einige Zentimeter über den Erdboden. Oder schraubt sich Drehung für Drehung in gute, weiche, feuchte Erde, wenn sie auf ihrem Weg solch ein gutes Plätzchen gefunden hat.

Ähnlich macht es die Küchenschelle *(Pulsatilla vulgaris)*. Sie verwandelt sich nach der Blüte in ein Büschel von Federschweifsamen. Bei Nässe sind die Samen feucht und schwer und lassen sich zu Boden klatschen, zu Füßen der Mutterpflanze. Ist trockenes Wetter, haken sich die Samen bei Tieren ins Fell oder fliegen mit dem Wind davon.

Und einmal gelandet, können sich die fedrigen Früchte von alleine fortbewegen: Ist feuchtes Wetter, quillt der Federschweif auf, streckt sich und dreht sich so ein paar Mal um sich selbst. Dann trocknet er wieder, quillt beim nächsten Regen wieder auf und dreht sich wieder ein Stückchen weiter. Und so weiter und so fort …

Richtig weit kommt man so natürlich noch nicht. In menschlichen Maßstäben zumindest.

Mit Schwung geht alles besser: von Samenschleudern und Streudosen

Zusätzlichen Schwung nutzen die Ballisten unter den Pflanzen für sich. Ihr Verbreitungsmechanismus ist benannt nach der »Balliste«, dem antiken Katapult, und ziemlich genau so ist das Prinzip: Wenn es Zeit ist, setzt die Mutterpflanze dem gemütlichen Dasein ihrer Samenkinderchen in den Schoten und Kapseln ein Ende. Sie schleudert ihre Samen mit Schmackes heraus. Zum Beispiel, weil das Gewebe der Kapseln und Schoten austrocknet und aufreißt, manchmal wie bei einer kleinen Explosion, sodass die Samen über mehrere Meter weit verstreut werden. Lupinen machen es so oder auch die Frühlings-Platterbse *(Lathyrus vernus)* und die Akelei *(Aguilegia vulgaris)*. Oder die steifen und sparrigen Stängel der Pflanzen, die oft zusätzliche Borsten oder Dornen haben, verhaken sich an vorbeistreifenden Tieren und schnalzen zurück – und auch das schleudert die Samen aus ihrem warmen »Hotel Mama«.

Storchschnabel-Arten und -Sorten, von denen es eine große Fülle gibt, von eher unscheinbaren Wildpflanzen bis zu exklusiven Beetstauden, haben ihre Samen in kleinen Ständern, die wie Löffel aussehen. Diese kleinen Löffel werden beim Reifen trockner und trockner. Irgendwann ist die Spannung so hoch, dass die Hüllen reißen, platzen, explodieren und wie Schleudern die reifen Samen in alle Richtungen werfen.

Bei anderen, den Saftdruckstreuern (Hygroballochoren), steigt mit der Fruchtreife der Zellsaftdruck. Statt zu trocknen, wird die Schote immer praller und praller, und wenn ein bestimmter Druck überschritten ist, ein Regentropfen darauf fällt oder jemand daran kommt, platzt sie auf. Mit dem gleichen Ergebnis: Die Samen werden an die Luft gesetzt. Bei uns gehört das Wiesenschaumkraut *(Cardamine pratensis)* dazu und, wie der Name schon sagt, das Springkraut. Daher kommt auch dessen botanischer Name: *Impatiens* (lateinisch = ungeduldig). Denselben

Der Reiherschnabel besticht durch seine schönen Blüten und seine Verbreitungsstrategie.

Hintergrund hat auch der volkstümliche Name »Rühr-mich-nicht-an« des Großen Springkrauts *(Impatiens noli-tangere),* das in feuchten Wäldern und an Bachrändern wächst. Oder, wenn auch nicht so gut sichtbar, beim Kleinen Springkraut *(Impatiens parviflora),* das gerne in Gebüschen, Gärten und Schutthalden wächst. Am allerbesten zu beobachten ist es allerdings beim ansonsten aktuell nicht wohlgelittenen Drüsigen Springkraut *(Impatiens glandulifera).* Seit einigen Jahren siedelt es ziemlich überall und ist ein Paradebeispiel dafür, wie weit eine Pflanze herumkommen kann, wenn sie wenig anspruchsvoll ist, was die Örtlichkeit angeht, blüht, blüht, blüht und mit honigsüßem Nektar Bestäuber zuhauf anlockt, so auch zuhauf Samen produzieren kann, die es dann mit Schwung in die Umgebung schleudert, am besten noch in einen Fluss. Auf in die weite Welt, auf in die ganze Welt (siehe Abbildung auf der gegenüberliegenden Seite).

Wenn es regnet und strömt: Transportwege auf dem Wasser

Pflanzen, die sich auf, im, mit oder wegen des Wassers verbreiten, *hydrochore* Pflanzen wie man sie nennt, sind für den normalen Gartenbesitzer auf den ersten Blick nicht die allerwichtigsten, nur selten wird ein Fließgewässer auf dem Grundstück sein oder der Garten direkt an einem See oder am Meer liegen. Allerdings: Wer in der Nähe eines solchen Gewässers gärtnert, sollte dort nicht gerade den Komposthaufen anlegen oder missliebige, herausgerupfte Sorten – schwupp – über den Gartenzaun entsorgen. Wachsen sie wieder an oder hatten schon reife Samen, verteilt das Bächlein diese wie mit der Rohrpost im ganzen Land. Im Gegenzug wird ein Gewässer auch immer mal neue Gartenbewohner anlanden, auch darauf sollte man gefasst sein. Sicherlich keine Kokosnuss, wobei die Tropenfrucht das beeindruckendste Beispiel für Hydrochorie ist und sogar die Weltmeere durchreist und dann auf dem anderen Kontinent noch

keimen kann, perfekt durch ihre faserige und steinharte Schale vor Stößen und dem Salzwasser geschützt.

Aber vielleicht haben Sie einen Teich? Vieles, was dort im Umfeld wächst, hat seine Verbreitungsstrategien aufs Wasser eingestellt. Die Sumpfdotterblume *(Caltha palustris,* siehe oben) beispielsweise, und zwar auf zweierlei Art. Die Samen sind leicht und wegen lufthaltiger Hohlräume im Gewebe schwimmfähig – nautochor – und so perfekt ausgestattet, um sich entlang eines Ufers auszubreiten. Und sie sind auch ombrochor, von griechisch *ómbros* (= Regen). Die Samen sind Regenschwemmlinge, denn die Fruchtkapseln der Sumpfdotterblumen reißen nicht ganz, sondern nur zum Teil auf. Erst wenn es regnet, werden die Samen herausgespült. Andere ombrochore Arten sind unter anderem auch Gänseblümchen oder der Mauerpfeffer *(Sedum acre).* Dessen Früchte quellen auf, wenn sie nass werden, der Regen schleudert die Samen heraus und schwemmt sie in die Welt hinaus. Was liegen bleibt, tragen dann die Ameisen weiter, wie beim Lerchensporn oder beim Schneeglöckchen, weswegen Mauerpfeffer auch wie von alleine Mauern bewachsen kann (siehe Seite 26).

Regenschwemmlinge sind generell gut, um Mauern, Fugen und Spalten zu besiedeln: Regen übernimmt dann dort die Arbeit, wo sonst der Gärtner mit Spritztülle und Wassersprüher mühsam Samen in die Ritzen einzuschlämmen versucht.

Und ein richtiger Starkregen lässt alles zu Regenschwemmlingen werden, er sammelt alles ein, was fliegt und liegt, und verteilt es in Sturzbächen ganz woanders hin. Vorausgesetzt, die jeweiligen Samen bleiben auch bei hoher Feuchtigkeit keimfähig, dann kommt auch das ausnahmsweise mal ganz weit herum, was sonst nur plumpst und rollt.

Der Wind, der Wind: wie Samen fliegen können

Sich mit dem Wind verbreiten zu lassen, ist eine ziemlich alte Technik, schon die ersten Landpflanzen der Erde nutzten das. Viele Samen sind so klein und leicht, dass sie mit dem leisesten Hauch davonfliegen. Anemochorie sagt der Geobotaniker denn auch zur Windausbreitung (von griechisch *ánimos* = Wind, Hauch). Der Wind bläst sie hoch in die Luft, und mit den Strömungen dort oben fliegen sie weit, sehr weit. Und sie fliegen umso weiter, wenn die Samen kleine Flügelchen haben, die wie Gleitschirme funktionieren. Bei Birkensamen zum Beispiel ist das so. Birken besiedeln deshalb auch oft als sogenannte Pionierpflanzen unwirtliche und weit abgelegene Gebiete, einfach weil sie dort hinkommen und dann als Erste vor Ort sind. Und so schaffen sie es auch in die kleinste Ritze, auf Dächer, in Schornsteine und Regenrinnen. Sehen wird man diese Pionierarbeit hoch in der Luft kaum.

Äußerst spektakulär dagegen sind die Bodenroller. Ganze Büsche reißen sich von den Wurzeln los und kollern übers Land, verstreuen dabei die Samen aus den Früchten; auch die sind oft rund und kugeln dann gleich noch viel weiter. Wir Europäer kennen das vor allem aus Wildwestfilmen, weniger aus dem Alltag. Bodenroller brauchen freie, flache Landschaft für ihre Galoppaden. Im Wald, auf buntblumigen Wiesen, auf Feldern mit Hecken und Mauern, in Gärten und Parks und Städten funktioniert das nicht so gut. Zumindest nicht so eindrucksvoll.

Mohn entlässt die Samen wie aus kleinen Salzstreuern, Löwenzahn lässt sie wie Gleitschirme fliegen.

Das Schleierkraut *(Gypsophila paniculata)* zum Beispiel wäre eigentlich ein Bodenroller. Wenn es Platz hätte. Es bildet Doldenkugeln voller Samen und behält auch trocken seine Form – dieser Umstand macht es zu einem beliebten Beiwerk in Blumensträußen und Trockengestecken und erklärt auch seine im Garten manchmal lästige Eigenschaft: Wie an Sollbruchstellen knicken ganze Äste ab, wenn man zu unvorsichtig daran fasst.

Beim Weißen Fuchsschwanz *(Amaranthus albus)* reißt der Wind im Winter einfach stängelweise die Pflanze auseinander, pustet sie hin und her und verteilt dabei die Samen. Richtig rollen tut da nichts. Aber die Samen kommen so ziemlich weit herum. Als echte Pioniere finden sie immer ein Plätzchen zum Keimen: auf offenen Sandflächen in der Nähe von Ortschaften, auf Bauplätzen, rund um Mülltonnen und Glascontainer, auf Bahnschotter und auf offen Stellen im Garten oder in den Pflasterfugen.

Typischer für unsere Landschaft sind Windstreuer, wie zum Beispiel der Mohn: Die Früchte bilden Kapseln und wenn die Samen reif sind, trocknen sie aus und es öffnen sich kleine Löcher. (Gilt als Vorbild für den Salzstreuer!) Die Kapsel ist leicht und in ihr verfängt sich der Wind sofort. So wird der ganze Stängel schon bei einer schwachen Brise hin und her geweht. Die kleinen schwarzen Samen werden herausgeschüttelt und so gleichmäßig und weiträumig in der Umgebung verteilt.

Und manche Samen sind auch ihr eigenes Flugzeug. Bekannt und beliebt, nicht nur bei Kindern, sind die Früchte der verschiedenen Ahornarten, die botanisch Drehflieger genannt werden und physikalisch wie ein Propeller funktionieren: In der Mitte der schwere Samen, an den Seiten die leichten Flügel, dreht, fliegt, kreiselt der Samen vom Baum. Bei Linde und Hainbuche gibt es ähnliche Drehbewegungen.

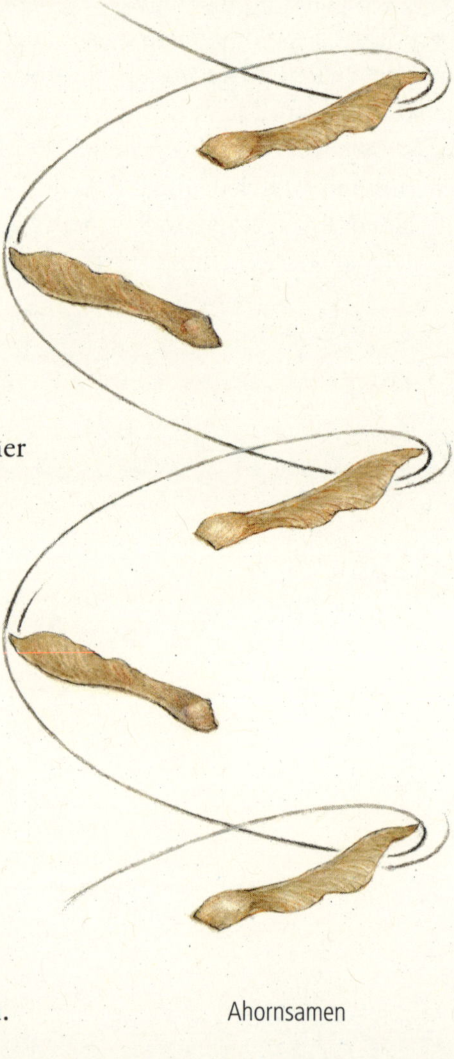

Ahornsamen

Eschen und Ulmen haben keinen Doppelflügel, sondern nur ein einzelnes Rotorblättchen. Sie schrauben sich eher durch die Luft. Aber sie alle können bei Aufwind auch weit hinauf und von der Mutter wegfliegen und ansonsten zumindest ein paar Meter mehr zurücklegen als bei freiem Fall nach unten. Auch Löwenzahn und all die anderen Pusteblumen bildenden Pflanzen wie Disteln, Kornblume, Wiesen-Bocksbart, Habichtskräuter können das. Sie haben an jedem der recht dicken Samen winzig feine Härchen und jagen daran wie mit einem Gleitschirm durch die Luft, über die Mauer, über den Fluss und vielleicht noch einem Tier auf den Pelz, dann kann man noch ein paar Kilometer mehr schaffen.

An Fell, Füßen und im Vorrat: die Rolle der Tierwelt

Generell ist Zoochorie, wie diese Ausbreitungsart heißt, ziemlich praktisch. Statt sich Flügel oder Schwimmkörper wachsen zu lassen, Streudosen oder Schleudern zu formen, reisen diese Pflanzen einfach mal mit Tieren. Zoochorie ist weitverbreitet und in den unteren Pflanzen-Etagen von eher dichten Wäldern und Wiesen und im Gebüsch und Staudendickicht eines Gartens, wo kein Wind und kein Wasser in ausreichender Menge hinkommen, auch recht praktisch. Damit bei der Reise nichts schiefgeht, hat sich die Natur auch hier unterschiedliche Strategien ausgedacht.

Manchmal sind Pflanze und Tier sehr aufeinander eingespielt: Der Tannenhäher beispielsweise ernährt sich hauptsächlich von Zirbelkiefersamen, dabei kleckert er rum, frisst nicht alles, scheidet Teile aus und vergisst vielleicht auch mal den ein oder anderen Zapfen. Was liegen bleibt, kann keimen, und so verbreitet sich die Zirbelkiefer und verjüngt ihre Bestände; ähnlich ist es mit dem Eichelhäher und den Eicheln. Manchmal ist es mehr oder minder Zufall. Ein vorbeischlurfender Igel, eine Katze auf Freiersfüßen, ein Mäuschen, das durchs Blumengebüsch huscht – sie alle streifen sich die Samen ans Fell und an die Pfoten und tragen sie so weiter in die Welt hinaus. Und natürlich gibt es noch viele feine Unterkategorien, die Ichthyochorie, wie die Ausbreitung durch Fische heißt, oder die Chiropterochorie, die Ausbreitung durch Fledertiere. Für uns mitteleuropäische Gärtner wichtig sind vor allem zwei Formen: Ornithochorie, die Verbreitung durch Vögel, und die Myrmekochorie, die Verbreitung durch Ameisen (von griechisch *mýrmēx* = Ameise).

Mit Fahrkarte oder Flugticket: Manche Pflanzen bezahlen für die Reise

Ähnlich wie der schon erwähnte Lerchensporn (siehe Seite 15) machen es etwa 30 Prozent aller heimischen Arten. Das Schöllkraut *(Chelidonium majus)* zum Beispiel oder auch die Wald-Erdbeere lassen ihre Samen von Ameisen hin- und hertragen. Ganz, ganz viele Frühlingsblumen sind in dieser Gruppe dabei, Veilchen, Buschwindröschen, Leberblümchen, Primeln, allerdings nicht immer alle Arten. Die Echte Schlüsselblume *(Primula veris)* bildet rund um ihre grüne Blattrosette Erneuerungsknospen, und unterirdisch verzweigt sich auch die Wurzel in die Breite. Ihre Samen sind sehr leicht und vertrauen sich eher dem Wind an. Die Gartenprimel, die Stängellose Schlüsselblume *(Primula vulgaris)*, dagegen bildet an ihren Samen ein sogenanntes Elaiosom, ein kleines Anhängsel: ein süßes, ölreiches, vitaminreiches Gebilde, im allgemeinen Sprachgebrauch Ameisenbrötchen genannt. Schnäpschen oder Zuckerl wäre noch treffender, denn die Ameisen sind ganz verrückt danach. Es enthält Stoffe, die bei den Arbeiter-Ameisen einen suchtähnlichen Sammeltrieb auslösen. Sie schleppen Samen um Samen in den Bau, um den Nachwuchs mit den Ameisenbrötchen zu füttern, und wenn sie die Köstlichkeit unterwegs schon selber aufgefuttert haben, lassen sie den Rest irgendwo liegen. Und mit etwas Glück, dem richtigen Boden und den passenden Keimbedingungen wächst dort bald eine neue Primel. Oder neue Schneeglöckchen, und bald ist die ganze Wiese voll damit. Das schaffen die kleinen Ameisen wirklich, sie schleppen die köstlichen Brötchen bis zu 100 Meter weit.

In der Vergrößerung zu erkennen: Elaiosomen am Samen, bei Ameisen begehrt.

In rote Beeren verpackte Samen kommen als Vogelfutter weit herum.

Im größeren, aber auch mehr zufälligeren Stil machen diese Arbeit Eichhörnchen, Mäuse und andere Tiere, die schon im Herbst an den eisigen Winter denken und, damit sie nicht hungern müssen, Samen von Bäumen als Essensvorrat sammeln: Eicheln, Nüsse und Bucheckern und andere sogenannte Lockfrüchte. Mit diesen wertvollen Vorräten legen sie verschiedene kleine Verstecke an, manche Verstecke leeren sie später, andere nicht. Die vergessenen Samen schlafen den ganzen Winter hindurch. Sie werden dann von den Frühlingstemperaturen aufgeweckt, keimen, bilden Wurzeln, Stängel, Äste und Blätter, Blüten und Früchte – mit Samen, die dann irgendwann selber auf Reisen gehen. Im Wald hat sich dieses System über Jahre eingependelt, der Bestand wird besser durchmischt und verjüngt, wenn Eicheln, Bucheckern und Fichtenzapfen nicht nur rund um den Baum fallen, auf dem sie wachsen. Im Garten ist es aber auch mal lästig, wenn zwischen Holunder, Veilchen und Gehwegplatten immer mal wieder Walnüsse und Eichen keimen und herausgezogen werden müssen.

Und dann gibt es noch die endochore Verbreitung. Auf Deutsch: Darm-Wanderung. Was ein bisschen unappetitlich klingen mag, ist immens praktisch. Meist sind die Endochoriker Vögel, die sich am liebsten alles einverleiben, was leuchtend rot ist. Kirsche, Hagebutte, Wald-Erdbeere, Brombeere, Eibe, Vogelbeere, Eberesche, Holunderbeere, Pfaffenhütchen und Maiglöckchen werden durch Vögel verbreitet, die Weißbeerige Mistel ebenfalls. Auch Mäuse, Igel, Schnecken und Käfer fressen die Lockfrüchte. Verdaut wird nur das Fruchtfleisch und nicht das, was die Pflanze in den saftig süßen Teil verpackt hat: der Kern oder die Samen. Die kommen hinten so heil wieder raus, wie sie vorne hineingekommen sind. Besser gesagt, ein bisschen anverdaut und mit einem ordentlichen Klacks Dünger, dann keimt es sich gleich noch viel besser. Endochor im Vogelmagen können Pflanzen mehrere Kilometer überwinden und zum Beispiel auch von einer Insel aufs Festland gelangen und umgekehrt. Theoretisch. In der Praxis liegt die Distanz bei maximal 50 Metern, weil viele Vögel ein eher kleines Revier haben und auch eine recht flotte Verdauung.

Insbesondere bei Moosen spielt auch die Ausbreitung durch Verwendung von Pflanzenteilen als Nistmaterial eine größere Rolle. Moose verbreiten sich zwar grundsätzlich durch Sporen, die ähnlich wie leichte Samen weite Strecken durch die Luft fliegen können. Aber wenn die Lebensbedingungen nicht reichen, dann vermehren sie sich nur vegetativ, und als kleines Moos kommt man damit nicht besonders gut vom Fleck. Moospolster sammelnde Vögel verlieren beim Transport aber auch mal das ein oder andere Stück. Wenn es wieder anwächst, wo es gelandet ist, hat es so einen neuen Standort gefunden.

Oder als Schwarzfahrer: wie Klette und Co. umsonst reisen

Nicht alle Blumen lassen sich Fahrkarten wachsen, in Form von fressbaren Kohlenhydraten und Fetten, manche fahren und fliegen auch einfach schwarz.

Ihre Früchte oder Samen bilden zum Beispiel bei feuchtem Wetter schmierigen Schleim, wie bei der Wilde Malve *(Malva sylvestris)*, mit dem sie sich an Fell, Feder und Pfoten kleben. Andere haben kleine elastische Häkchen, die dem Klettverschluss als Vorbild dienten: Die Filzige Klette *(Arctium tomentosum)* trägt es schon im Namen. Deren Blütenkörbchen halten so fest, dass man damit spielen kann wie mit formbaren Maisbausteinen oder Knete und sich auch gegenseitig damit ärgern kann, wenn man sie sich in die Haare wirft. Beim Klettenlabkraut *(Galium aparine)* kleben nicht nur die kleinen Fruchtkügelchen. Sogar die Stängel und Blätter haben kleine Widerhaken und haften so überall.

Auch Grannen – das sind die langen borstigen Haare am Getreide – sind aufs Schwarzfahren eingerichtet, festgehakt im Fell, in die Pfote gepikt und los geht die Reise, so kommen die Pflanzenkinder ziemlich weit herum, bis sich das Tier die Mitfahrer vom Leib putzt oder aus der Pfote pult. Fellträger sind oft Beutegreifer und haben meist ein ziemlich großes Revier.

Eine dritte Gruppe ist die der Tierstreuer: Das Prinzip ist ähnlich wie bei Windstreuern und oft lässt es sich auch nicht trennen. Viele Früchte sind als Streudosen oder -kapseln ausgebildet und haben zusätzlich noch hakenförmige Haare oder Borsten, wie die Jungfer im Grünen *(Nigella damascena)* oder auch die Akelei. Die Blütenstängel sind oft sehr lang und auch sehr elastisch. Streift nun ein Tier vorbei und verhakt sich sein Fell in den Borsten, wird die Pflanze ein Stück mitgezogen und umgebogen. Sie schnellt dann wie ein Katapult zurück. Auf Wiedersehen, kleine Samen.

Auch der Mensch ist in diesem Fall ein Tier, das sehen Sie, wenn Sie sich Klettsamen vom Pullover pulen, Kirschkerne ausspucken und so weiter, alles genauso zufällig und nebenbei.

Menschen transportieren Pflanzen natürlich auch absichtlich, als Kulturleistung sozusagen. Wir verlassen uns bei den Schneeglöckchen eben nicht auf die Ameisen, sondern teilen die Horste nach der Blüte und setzen sie da wieder ein, wo wir sie haben wollen. Holen exotische Blumen in unsere Vorgärten, pflanzen Tomaten, Kartoffeln, Kürbis und Feuerbohnen ins Gemüsebeet. Heute altbekannte Früchte wie Äpfel und Birnen wanderten mit den Menschen aus Asien nach Griechenland und Italien; vielleicht ging es auch schon in der Steinzeit los. Zu uns nach Mitteleuropa brachten sie jedenfalls die Römer, genau wie Weizen, Gerste, Linse, Dinkel, Ackerbohne. Immer im Tross dabei: Mohn, Kornblume und andere typische Ackerbegleitkräuter. Manche lästig für die Bauern, manche giftig wie die Kornrade – aber viele aus heutiger Sicht einfach ein bunter Anblick, der zum Sommer dazugehört.

Eingewandert ist so auch das Acker-Stiefmütterchen *(Viola arvensis)*, das, zierlich und wunderschön, kaum wirklich die Bezeichnung Un-Kraut verdient. Es ist einjährig, manchmal auch zweijährig, bildet keine Ausläufer, ist nicht giftig und wenn es im Garten auf lockeren, offenen, ackerähnlichen Stellen erscheint, ist es eine Freude. Ackerbegleitkrauttypisch ist es eher kurzlebig, versamt sich aber reichlich und kommt mit dem Ameisentaxi ziemlich weit herum. Es wächst nicht nur im Gemüsebeet zwischen Möhren und Kohlrabi, sondern auch am Kiesweg oder in einer Pflasterfuge im Vorgarten, wie eine kleine Blumenelfe, zumal verglichen mit all den feisten, bunten großblütigen Garten-Stiefmütterchen, deren Vorfahr es ist. Und die es ohne *Viola arvensis* nicht geben würde.

Als die Europäer nach Übersee auswanderten, nahmen sie ihr Obst und ihr Gemüse und ihr Getreide mit und kamen mit neuen Sorten aus Amerika oder der Karibik zurück. Heute wechseln Pflanzen mit dem Schiffs- und Flugverkehr in wenigen Stunden den Erdteil, immer schneller immer mehr neue Arten, absichtlich und unabsichtlich, als Handelsgut, als Beipackung mit dem Saatgut oder ganze Gesellschaften im Ballastwasser von Schiffen und ein paar Samen im Schuhprofil des Natur-Touristen.

Immer wieder gab es Pflanzen, die sich in ihrer neuen Bleibe so wohlfühlten, dass sie nicht im Garten oder auf dem Acker blieben, sondern hier heimisch wurden und sich schnell und weit verbreiteten, ohne auf weitere Pflege der Menschen angewiesen zu sein. Solche Pflanzen nennt man hemerochore Pflanzen (von griechisch *hēmeros* = kultiviert). Viele für uns ganz normale Pflanzen gehören dazu: das Schneeglöckchen, der Mohn, das Acker-Stiefmütterchen. Immer wieder *gibt* es Pflanzen, muss es richtig heißen, denn das passiert natürlich nach wie vor und überall.

Manche Arten werden als problematisch angesehen, weil sie gesundheitsschädlich sind, wirtschaftlichen Schaden anrichten oder drastisch die Natur- und Kulturlandschaft verändern. Das war vor 100 Jahren mal die Kanadische Wasserpest, dann der Riesen-Bärenklau. Aktuell ganz oben auf der Liste steht das Ambrosia genannte Beifußblättrige Traubenkraut *(Ambrosia artemisiifolia)*. Bei uns. Da, wo es herkommt, im amerikanischen Mittelwesten, ist es ein Ackerbegleitkraut und nicht überall so unbeliebt. Mit seiner tiefen Wurzel lockert und lüftet es den Boden und macht ihn gleichzeitig gegen Wind und Wasser erosionsfest. Es ist Gründünger und wenn es erst im Frühling umgepflügt wird, auch noch Winterfutter für die Vögel. In Amerika oben auf der Unbeliebtheitsskala ist dagegen unser Johanniskraut. Es blüht reich, lockt Bestäuber in Massen an und bildet ebenfalls in Massen Samen, die durch Tiere oder Wind weit herumkommen. Wo es Fuß gefasst hat, breitet es sich zusätzlich durch Wurzelausläufer aus. In Südafrika sind es Zimbelkraut, Spitzwegerich oder Weißklee, die niemand haben will, die man mit schwerem Gerät, Pestiziden und mit dem Arbeitseinsatz von Schulkindern und Freiwilligentrupps immer wieder versucht, loszuwerden.

Die Geobotaniker haben für diese besondere Form der Zoochorie das Wort Anthropochorie gewählt (von griechisch *ánthrōpos* = Mensch), und auch die anthropochoren Pflanzen kann man wieder unterteilen nach den verschiedensten Kategorien. Zum Beispiel die Unterscheidung in Archäophyten und Neophyten. *Phyt* kommt von Pflanze, *archäo* von alt und damit sind alle Pflanzen gemeint, die nach der Eiszeit zu uns eingewandert sind – viel wuchs hier ja nicht mehr, als die Gletscher weg waren. Das ist Tausende Jahre her und so gehören die meisten für uns einfach dazu: von der Kamille über Frau Holles Holunderbusch bis zur sprichwörtlichen deutschen Eiche. Es gibt Sagen, Märchen, Bräuche, Lieder über sie, viele sind Heilpflanzen, die jedes Kind kennt. Alles, was bis zu dem willkürlich, aber doch recht sinnvoll gewählten, weil einschneidenden Datum der Landung von Kolumbus auf dem amerikanischen Kontinent bei uns eingewandert ist, ist ein Archäophyt. Alles, was danach kam und noch kommt, ein Neophyt (von griechisch *néos* = neu). Alternativ können sie auch Adventivpflanzen genannt werden (von lateinisch *advenire* = ankommen).

Auch das ist schon wieder mehr als fünf Jahrhunderte her und auch hier sind viele Arten dabei, die für uns irgendwie heimisch sind, weil wir sie seit ewigen Zeiten kennen und nicht missen möchten: Dazu zählt beispielsweise der Pyrenäen-Storchschnabel *(Geranium pyrenaicum),* eine Art aus der umfangreichen Gattung der Storchschnäbel. Er kam als Zierpflanze nach Mitteleuropa und war eine ganze Zeit lang beliebt, bis dann andere großblütigere, farbigere Storchschnäbel in die Gärten geholt wurden. Der eher kleine, robuste Pyrenäen-Storchschnabel lässt es sich derweil in der freien Natur gut gehen und hat auf Bauplätzen, Schutt, Schotter und auch auf Wiesen und an Wegen seine Nische unter anderen wild lebenden Arten gefunden. In Gärten wächst er aber durchaus auch, dann aber am Rande, als pflegeleichter Bodendecker.

Oder die Kamillenarten. Verbreitet ist mittlerweile auch die neophytische Strahlenlose Kamille *(Matricaria discoidea),* die als Verwandte unserer heimischen Kamille *(Matricaria recutita)* einen gewissen Sympathievorschuss hat, sie ist noch genügsamer und sucht sich noch strapaziösere Standorte, aber so viele und so gute heilende Wirkstoffe hat sie nicht. Heißt es.

Das Wort Neophyt ist eigentlich ein neutraler Begriff, und Adventivpflanze klingt noch neutraler. Oft wird es allerdings im Alltagssprachgebrauch wie ein Synonym für »böse Pflanze« verwendet, auch wenn es erst mal nur einen Zeitpunkt markieren soll. Im Fachjargon von Naturschützern und Botanikern tragen die möglicherweise problematischen Arten darunter deshalb oft das Beiwort »aggressiv« oder »invasiv«. Unglücklich gewählt, weil es Begriffe aus Politik und Kriegsführung auf Pflanzen überträgt und weil es den Pflanzen Charaktereigenschaften zuschreibt, die sie mit Sicherheit nicht haben. Gut und böse, friedlich und aggressiv, bescheiden und invasiv, das sind menschliche Kategorien. Und auch da ist es selten so einfach in Schwarz und Weiß einzuteilen wie bei Frau Holle im Märchen.

Und es verstellt den Blick auf das eigentliche Problem: Denn es sind nicht die Pflanzen und ihre »aggressiven« Verbreitungsstrategien. Wenn sie weg wären, wäre nicht alles wieder gut und ganz Mitteleuropa von heimischen Pflanzen bewachsen. Die heimischen Pflanzen sind arg in Bedrängnis durch unsere Lebensweise, die Landschaft zerwühlt, gerodet, planiert, gedüngt, gedüngt, gedüngt, bedroht durch Straßensalz, Abgase, Pestizide, Wanderwege, Skipisten, Asphalt und noch mal Asphalt. Unter großen Autobahnbrücken ist es staubtrocken wie in der Wüste, eher dunkel und ziemlich dreckig in jeder Hinsicht. Kaum eine heimische Art würde da gerne wachsen wollen. Über Flughäfen, Bahnhöfe und die großen Straßen kommen dann Pflanzen aus anderen Ländern an, die mit kargen Lebensbedingungen vertraut sind.

Breitet sich besonders an Bächen und Waldlichtungen großflächig aus: Drüsiges Springkraut.

Oder das Springkraut, und zwar vor allem das große, lila-rosa überall blühende Indische oder Drüsige *(Impatiens glandulifera)*. Das gar nicht wirklich überall blüht, sondern in erster Linie auf sogenannten gestörten Stellen, wie gerodeten Waldlichtungen oder an Bächen und Flüssen, in denen die gesammelte Düngerausschwemmung der Landwirtschaft zusammentrifft. *Glandulifera* liebt Stickstoff, es verschlingt ihn geradezu und verträgt ihn in Mengen, von denen die meisten Blumen und Kräuter einfach nur krank werden. Es lässt sich dicke Stängel wachsen und honigsüße Blüten, geliebt von Hummeln, Bienen und Co. bis in den Herbst hinein. So gibt es reichlich Samen und über den Fluss reichlich Verbreitung und dann wächst es auch irgendwann vielleicht auch da, wo noch etwas anderes wachsen würde außer Brennnesseln. Aber: Es ist nicht gekommen, einfach so, sondern ist – anthropochor – als Zierpflanze und Bienenweide in die Gärten geholt worden. Für jüngere Generationen gehört »Springkrautdöppen« mittlerweile zur Kindheitserinnerung wie Pusteblumen oder brennnesselverbrannte Haut. So machen es die Menschen – sie verbreiten Pflanzen nicht nur aus Zufall, sondern eben auch mit Absicht. So wie das Chinaschilf *(Miscanthus)*: Als Energiepflanze angebaut und in Gärten als schnellwüchsiger Gräser-Sichtschutz vielfach empfohlen und verwendet, dürfte es in wenigen Jahren der nächste Anwärter auf den Titel »invasive Art« sein.

Die meisten Neophyten aber fallen vielen bislang gar nicht auf, weil sie sich bescheiden ihre Nischen suchen. Sie stören nicht, verändern nicht das Bild unserer Heimat, so wie wir sie kennen und mögen, und legen auch nicht den Finger – oder ihre Samen und Wurzeln – so offensichtlich in die Wunden, die unsere moderne Lebensweise der Natur schlägt.

Warum ärgert es uns eigentlich so kriminell, warum ängstigt es uns so, wenn neue Arten heimisch werden, wenn entlang der Hunderunde nicht mehr nur Brennnesseln wachsen? Grün sind sie auch und oft sogar bunter. Dafür gibt es eine charmante Erklärung, die vielleicht nicht wissenschaftlich wasserdicht ist, aber schön illustriert, warum wir einerseits jedes fremde Pflänzchen in unserem Beet mit gerunzelter Stirn betrachten und andererseits auch nie aufhören, immer wieder neue und andere und schönere Blumen in unseren Garten zu holen.

Die Geschichte geht so: Danach hat jeder Mensch zwei Seelen in seiner Brust: die eines Gärtners und Bauern und die eines Jägers und Sammlers. So war es ja früher, Natur und Kultur waren eins. Ändert sich die Natur, ändert sich der Mensch. Er briet Vögel, wenn ein Mammut nicht zu erlegen war. Aß Nüsse, wenn die Beeren weg waren, zog weiter, wenn der Lagerplatz überschwemmt wurde. Bis irgendwann mal jemand auf die Idee gekommen ist, Tiere nicht erst jagen zu müssen, sondern einfach in der Nähe einzusperren. Oder das Feld bei Trockenheit nicht aufzugeben, sondern zu bewässern, besonders schmackhafte Sachen nah am Lager anzusiedeln, statt immer wieder neu danach suchen zu müssen. Der Begriff dafür ist neolithische Revolution. Man fing an, die Natur zu gestalten, sich seinen eigenen kleinen Bereich zu kultivieren. Und, das war schnell klar, diesen Bereich galt es zu schützen: die Hühner vorm Fuchs, die Getreidepflanzen vorm Brombeerdickicht. Mit Zaun und Hecke und Hacke und Messer. Wir hier drinnen, die Wildnis da draußen. Das war der Beginn des Gärtnerlebens. Wie so ein Garten dann genutzt wird, ist Zeitgeist und eine Frage des Geldes. In guten Zeiten, reichen Ländern und bei wohlhabenden Leuten sind die Beete mit Buchsbaum umkränzt und Blumen zu Tupfen und Schnörkeln arrangiert, dient die Hecke als Schutz vor allzu neugierigen Blicken beim Lustwandeln oder Ausruhen, und man kann es sich leisten, Rasen anzulegen und ihn mit hohem Wasser-, Energie- und Düngeraufwand schön grün und saftig zu halten. Statt die Fläche mit Gemüse und Kartoffeln zu bepflanzen, eine Ecke für Hühner abzuzäunen und Mauer und Tor zu sichern, damit weder Fuchs noch Marder noch Einbrecher in den Garten kommen.

Beim Gärtnern mit selbstständigen Pflanzen kann, darf, soll, muss man am besten beides sein. Ein bisschen Jäger und Sammler, weil das Leben weitergeht, egal, ob eine lila oder eine weiße Akelei im Garten wächst oder eine lila Glockenblume statt einer lila Akelei oder eine gelbe Färberkamille statt einer weißen Akelei; erst mal gut, dass überhaupt was wächst. Jäger und Sammler lassen die Blumen die Arbeit machen und erfreuen sich am Ergebnis; oder bedienen sich dran. Der Gärtner und

Ein Rahmen ist klar: das Gesetz

Mehrere Gesetze regeln, was in die Natur ausgebracht werden darf. Informationen darüber holen Sie sich jeweils auf dem aktuellsten Stand beim Bundesamt für Naturschutz unter *www.bfn.de.* Unter der Internetadresse *neobiota.bfn.de* sind ganz genaue Informationen über Neobiota zu finden, womit Pflanzen und Tiere gemeint sind, Neophyten und Neozoen: Welche sind gerade besonders im Fokus, wie sind die jeweils aktuellen rechtlichen, ökologischen und politischen Rahmenbedingungen. Informationen für Bedingungen vor Ort gibt es bei den örtlichen Naturschutzverbänden oder auch beim städtischen oder kommunalen Umweltamt. Denn nicht alle Neophyten sind bundesweit gleich unterwegs. Für Österreich ist es das Umweltbundesamt *(www.umweltbundesamt.at)* und in der Schweiz das nationale Daten- und Informationszentrum der Schweizer Flora *(www.infoflora.ch).* Auf europäischer Ebene gibt das European Network on Invasive Alien Species (NOBANIS) über fremde und invasive Arten in Nord- und Mitteleuropa *(www.nobanis.org).*

Und natürlich gibt es auch Gesetze, welche Mittel zur Bekämpfung eingesetzt werden dürfen. In privaten Gärten sind das nicht viele und in einen Naturgarten gehören Herbizide und Co. sowieso nicht.

Bauer schaut immer genau hin und greift ein, damit sein grünes Zimmer auch sein grünes Zimmer bleibt und nicht zum Dornendickicht wird. Der Gärtner setzt den Rahmen und bestimmt die Regeln. Er entscheidet, ob auch ein Neophyt wie der Flieder in den Heckensaum darf oder nur Holunder, Eberesche und Felsenbirne. Ob er seufzend, grummelnd und fluchend zu Hacke und Eimer greift, sobald im Beet Franzosenkraut, Vogelmiere oder Giersch auftauchen; oder ob er diese Un-Kräuter als selbstständige Bodendecker sehen möchte, als wildes Gemüse, das er ernten kann, ohne es vorher säen und pflegen zu müssen. Ob die lila Akeleien sich selbst in rosa Varianten kreuzen dürfen oder das Schöllkraut überall sprießen darf oder doch bitte schön nur in der Natursteinmauer. Sie entscheiden, was bleiben darf. Und wo. Und was wo nicht.

Arten, die das Label »invasiv« verpasst bekommen haben, sind im Zusammenspiel mit der restlichen gut funktionierenden Garten-WG aber meist friedlicher und pflegeleichter. Alles ist voll mit Grün und Blüten, im stetigen Wandel zwar, aber genau diese Flexibilität sorgt erst für die Stabilität, die es Un-Kraut, Neophyten und Pionierpflanzen unmöglich macht, so in Massen aufzutreten, wie es in Naturschutzgebieten und in Baugebieten oder auf leeren Äckern durchaus vorkommen kann.

Haben Sie die Wahl bei einer Neupflanzung, wählen Sie im Zweifel aber lieber die ruhigeren Arten. Sie haben vielleicht nicht immer genügend Zeit und Lust, die stürmischen Vertreter im Blick zu behalten, einzugreifen und sie im Griff zu haben.

Im Garten unerwünschte Pflanzen in der Natur zu entsorgen, geht gar nicht! Sie breiten sich, wie hier die Goldrute, oft ungeniert aus und machen anderen Arten das Leben schwer.

Wie Sie gut mit allen Ihren selbstständigen Pflanzen im Gleichgewicht bleiben, finden Sie in der Artenliste ab Seite 149 und auch noch ab Seite 58, wo es um Un-Kraut geht und wie man es eingrenzt oder loswerden kann.

Wichtig: Geben Sie die aussortierten Pflanzen nicht einfach auf den Kompost, allenfalls in die Biotonne oder den Schnellkomposter, damit eventuelle Samen nicht zur Notreife gelangen und sich so dann noch viel weiter verbreiten, als sie es mit ihren eigenen Strategien geschafft hätten. Und: Schon gar nicht einfach über den Gartenzaun ins Gebüsch werfen! So hat es schon so manche Art als Sprungbrett in die Wildnis geschafft und ist jetzt polychor und als sehr vitale Art im ganzen Land unterwegs.

Wer lange Arme macht, kommt auch voran: Ausläuferbildung

Wenn Pflanzen Ausläufer bilden, vermehren sie sich damit nicht im eigentlichen Sinne. Nicht die eigentliche Art breitet sich aus, indem sie Samenkinder in die Welt schickt und die dann wieder Kinder und die wieder …, um so Generation um Generation genetisch neue Pflanzenlebewesen entstehen zu lassen. Generative Vermehrung sagt der Fachmensch dazu, im Gegensatz zur vegetativen Vermehrung durch Ausläuferbildung.

Entscheidender Unterschied ist, dass es bei der vegetativen Vermehrung ein und dieselbe Pflanze bleibt, die nur immer größer und verzweigter wird. Trennt man die einzelnen Pflanzenteile ab, ist jede für sich eigenständig lebensfähig, absolut, aber genetisch immer noch diesselbe: ein Klon.

Nicht alle Pflanzen vermehren sich vegetativ. Aber alle Pflanzen vermehren sich auch über Samen. Manche, die beides machen, haben bei einem der beiden Punkte ihren Schwerpunkt, andere sind in beiden Disziplinen sehr leistungsstark. Der Giersch zum Beispiel. Die Samen sind leicht und zahlreich, sie können mit dem Wind von weit her und überall hin fliegen. Ein paar wenige erfolgreiche Keimungen reichen, dann geht es los mit den Ausläufern.

Lange bevor die Pflanze blüht und neue Samen gebildet hat, die dann erst im nächsten Jahr wieder keimen und noch mehr Pflanzen bilden könnten, ist die nackte Erde schon bewachsen, oberirdisch mit Grün bedeckt, luftig verteilt wie beim Kriechenden Fingerkraut *(Potentilla reptans)* oder sehr dicht wie beim Kriechenden Günsel *(Ajuga reptans)*. Aber eben auch unterirdisch durchwurzelt, gelockert und belüftet von mehr oder weniger dichten Wurzelnetzen.

Solche Kraftprotze sind aus Sicht der Natur unglaublich wichtig. Leere, nackte Erde ist in der Natur nicht vorgesehen. All die kleinen Lebewesen im und auf dem Boden schätzen ein grünes Dach über dem Kopf sehr und auch locker krümelige, luftige Erde, in der es sich gut leben lässt. Und nach einer Katastrophe, die aus Sicht dieser kleinen Pflanzen ein Waldbrand genauso sein kann wie eine Überschwemmung, ein abgeschobener Bauplatz oder ein leer geernteter Acker, ist der Bewuchs wie eine Decke, die man erst mal schützend um jemanden breitet. Gäbe es nur diese vegetative Vermehrung, könnten die Pflanzen aber nicht auf die sich ändernden Umwelteinflüsse reagieren und sich anpassen, deswegen ist auch die generative Vermehrung wichtig.

Das Prinzip findet sich bei allen Pflanzen, die wir als Gärtner in erster Linie über ihre Ausläufer wahrnehmen. Der Winterling *(Eranthis hyemalis)* zum Beispiel durchzieht, einmal gepflanzt am passenden Standort, die Erde mit feinem Rhizom, breitet sich immer weiter aus und macht den späten Winter zur gelben Freude. Aber er bildet auch noch Samen, die der Regen aus den Früchten weiter in den Garten schwemmt – zu neuen Keimplätzen. Von dort kann dann wieder eine genetisch neue Pflanze mit der Ausläuferbildung beginnen.

Absenker sind eine gute Möglichkeit, Clematis zu vermehren (siehe Seite 39).

Giersch bildet unterirdisch lange Wurzelstrippen.

Mit ihren Ausläufern findet die Wald-Erdbeere rasch neue Lücken.

Ähnlich macht es die Wald-Erdbeere: erst mal übersetzen auf neues Gelände mit ihren langen spirreldünnen Trieben, raus aus dem Balkonkasten oder rüber über den Gartenweg. Wo er auf fruchtbare Erde trifft, bildet der Trieb neue Wurzeln und Blätter aus und schon entsteht eine Pflanze, die blüht und fruchtet und dann auch wieder genetisch neue Nachkommen bildet.

Egal, welche Form die Ausläufer haben, oberirdisch oder unterirdisch, ob dick, dünn, kurz, lang, und auf welche Weise dann die Samen verbreitet werden, alle Kombinationen sind möglich – das Ergebnis ist immer das gleiche: ein äußerst flexibles System aus Alt und Neu, das sich genau dadurch wie von alleine stabil hält.

Für den Gärtner gibt es den optischen Unterschied zwischen oberirdisch und unterirdisch, zwischen Stolon und Rhizom, wenn man mal die Fachbegriffe auf diese beiden Punkte beschränken will. Ausläufer ist natürlich nur ein Oberbegriff, im Fachjargon gibt es noch viele Unterteilungen und andere Worte für die Ableger, Risslinge, Kindel, Bulbillen, Knospungen, Sprossen, Stecklinge, Absenker.

Oberirdisch sieht man oft den Zusammenhang der Pflanzen, das kann schön sein, wenn wir sie als Bodendecker wollen oder wenn die Pflanze so kurze Ausläufer bildet, dass sie einfach nur so aussieht, als würde sie immer breiter und dicker werden, wie die Fette Henne zum Beispiel. Wenn die Ausläufer weite und lange Wege machen, können sie sich schön in Lücken fädeln, wie die Wald-Erdbeere, oder kleine Tuffs und Trupps mal hier, mal da bilden wie bei die Glockenblume. Aber dann wirken die Ausläufer optisch wie Verbindungskabel und eher störend. Einfach abschneiden!

Das ist übrigens auch das Mittel der Wahl, wenn man die fröhlich Arme und Beine ausstreckenden Wald-Erdbeeren, Blauroten Steinsamen *(Lithospermum purpurocaeruleum),* Immergrün und Co. ein bisschen im Zaum halten möchte.

Bei unterirdischen Ausläufern sieht es immer aus, als ob sich viele Pflanzen zusammen angesiedelt hätten. Was möglicherweise nur ein einziges Maiglöckchen ist, das da seine grünen Triebe in die Frühlingssonne streckt, sieht aus wie Hunderte und Tausende. Kappen ist hier nicht nötig und ohne größere Erdbewegungen auch kaum möglich, liegt doch alles unter der Erde.

Wird es dem Gärtner zu viel mit der pflegeleichten Selbstverbreitung, ist das allerdings auch äußerst lästig (mehr dazu ab Seite 58).

Ein Wort noch zu Absenkern, auch eine Variante der vegetativen Vermehrung, mit dem Unterschied, dass die Pflanze nicht absichtlich einen neuen Trieb bildet, sondern es aus Zufall passiert. Sei es, dass ein umgeknickter Baum an der Stelle mit Bodenkontakt Wurzeln schlägt. Sei es, dass ein Trieb einer Blume durch Wind oder ihr Eigengewicht Richtung Boden gedrückt wird, diesen schließlich irgendwo berührt, und dann wieder Wurzeln treibt: Wie im Kleinen ein Ableger, nur dass der Absenker noch von der Mutterpflanze versorgt wird, bis er so weit angewachsen ist, dass er alleine klarkommt. Viel öfter als die Natur selbst macht sich der Mensch diese Art der Vermehrung zunutze. Bei manchen Pflanzen ist es praktisch, weil sie sich durch Samen und Teilung nur schwer gezielt verbreiten lassen. Die Clematis zum Beispiel bildet haufenweise Federsamen, die mit dem Wind überall hinfliegen, aber sicher nicht da landen und keimen, wo Sie das Rankgitter aufgebaut haben.

Wer den Ehrgeiz hat, nicht einfach schnöde ein paar Clematispflanzen zu kaufen, kann auch per Absenker mit wenig Aufwand den ganzen Zaun zum Nachbarn hin beranken lassen. Dazu einen bodennahen Trieb mit einem scharfen Messer bis knapp zur Hälfte schräg einschneiden, sodass er sich leicht auf die Erde biegen lässt, ohne zu brechen. Erde drüber, vielleicht noch einen Stein darauf, damit er nicht wieder hochschnellt, schön feucht halten und warten, bis er Wurzeln schlägt (siehe Abbildung auf Seite 37). Dann von der Clematis-Mutter trennen und umpflanzen – fertig.

Aber eigentlich sollen die Arbeit ja die Pflanzen machen, nicht wir Gärtner. Wir wählen deshalb die meiste Zeit nur aus, wen wir an die Arbeit schicken.

Einjährig, zweijährig, ausdauernd: wie Pflanzen durchs Leben gehen

In der gängigen Gartenpraxis werden Pflanzen nicht nach Verbreitungsart oder Selbstständigkeit eingeteilt. Üblich ist die Eingruppierung in einjährig, zweijährig, mehrjährig bzw. ausdauernd oder Stauden. Schnittmengen gibt es aber: Einjährige sind oft selbst-, wind- oder wasserverbreitend. Die Mehrjährigen haben oft dickere Früchte und setzen auch auf Transport mittels Tiere. Stauden bilden sehr oft Ausläufer. Aber natürlich sind nicht alle diese Arten so selbstständig, dass sie dem Gärtner die Arbeit abnehmen. Was auch daran liegt, dass wir in unseren Gärten Pflanzen haben, denen das Wetter hier zu unangenehm ist, um selbstständig sein zu können, es aber woanders durchaus sind. Dahlien zum Beispiel müssen nicht per se aus der Erde und im warmen Schuppen überwintern, sondern nur hierzulande, wo sie sonst im nassen kalten Winterboden erfrieren und verfaulen. Wo es trocken und warm ist, bleiben sie selbstverständlich ständig in der Erde, wie es sich für eine Staude gehört.

Oder: Die reiche Samenbildung bei vielen Einjährigen heißt nicht, dass sie im nächsten Jahr »von selbst« wiederkommen. Selbstaussaat ist kein Selbstläufer, denn wenn der Samen gefallen ist, braucht es noch die richtigen Standorte und Keimbedingungen. Und die Zweijährigen sind auf Gärtnernde angewiesen, die die im ersten Jahr doch sehr unscheinbaren Grundrosetten von Fingerhut, Königskerze und Co. nicht für Unkraut halten und im ersten Jätedurchgang des Frühlings weghacken.

Die verschiedenen Lebensweisen zu kennen, ist also sehr sinnvoll, weil Sie so ein Gefühl dafür bekommen, welche Pflanzen Sie wie an den Start und auf Trab bringen, damit es wie von selber läuft. Und auch, um zu wissen, wie Sie die Pflanzen im Zaum halten, falls es nötig sein sollte. Worauf jeweils zu achten ist, lesen Sie ab Seite 149 bei den einzelnen Arten.

Generell und allgemein kann man sagen: Die Mischung macht's. Das ist wie in der Natur. Es gibt kaum eine Pflanzengesellschaft, in der nur Pflanzen mit einer Lebensweise wachsen, ob im Wald, auf Wiesen, in Sümpfen oder im Gebirge. Und wenn, dann ist sie künstlich und macht viel Arbeit und so manche kleine Nische, die es in jedem Lebensraum gibt, bleibt leer, obwohl sie es nicht müsste.

Für Ihren Garten heißt das: Sie brauchen Blumen, die bis zur Erschöpfung blühen und sich selbst aussäen und im Boden darauf warten, dass sich wieder eine Lücke zeigt. Sie brauchen welche, deren Samen beharrlich, langsam, aber zuverlässig von Tieren durch den Garten geschleppt werden. Sie brauchen Pflanzen mit Ausläufern, weil nur sie die nackte Erde zuverlässig bedecken und sich mit ihren Armen und Beinen in Lücken fädeln, wo sonst nichts kommt oder wenn, nicht keimen würde. Sie brauchen Mehrjährige, auf die Sie sich verlassen können, die immer da sind oder immer wiederkommen, und Sie brauchen Einjährige, die jedes Jahr neu starten und aus den jeweils von Jahr zu Jahr anderen Lebensbedingungen das Beste machen. Ihr Garten ist dann eine WG aus flexiblen Pflanzen. Genau dadurch bleibt er stabil und grünt und blüht.

Am allerbesten ist es, wenn Sie sich Ihre Mannschaft vorwiegend aus heimischen Wildpflanzen zusammenstellen. Sie kommen mit unseren Böden und Klimabedingungen seit Jahrhunderten gut zurecht und müssen nicht ständig gepäppelt werden. Sie sind eingespielt mit Insekten und Vögeln, blühen und fruchten ziemlich genau dann, wenn diese etwas zu fressen haben wollen, und stellen so ihre Vermehrung wie von alleine sicher. Und: Es ist wunderbar möglich, mit ihnen schöne Beete zu gestalten.

Heimische Wildpflanzen sind pflegeleicht und bieten Insekten reichlich Nahrung.

Leben einen Sommer, kommen immer wieder: Einjährige

Einjährige leben, wie der Name schon sagt, nur ein Jahr und meistens noch nicht mal das. Sie keimen im Frühjahr, wachsen, grünen, blühen und fruchten innerhalb weniger Monate, verteilen ihre Samen auf die ein oder andere Art in der Umgebung und der Welt – und sterben im Herbst ab, statt viel Energie ins Überwintern zu stecken.

Sie bündeln ihre Energie lieber, um Blüten zu bilden: Sie blühen viel, groß, bunt. Sie können ganze Felder und Parks einfärben, manchmal sogar die Wüste, und locken so viele Bestäuber an, um viele Samen zu produzieren, eben weil ihnen nur dieser eine Sommer zur Vermehrung bleibt. Im Gartenjargon nennt sich das dann: Selbstaussaat. Oft sind es allerdings der Wind, das Wasser oder blüteneigene Streu- und Schleudermechanismen, die den Samen verteilen. Und ein Selbstläufer ist es schon gar nicht. Wer schon mal ein Tütchen Sommerblumen ins Beet gesät und sich am Blütenflor erfreut hat, wird wissen, dass im nächsten Jahr »von alleine« kaum etwas wiederkommt.

Nicht zu wenig Samen sind da – auch wenn ein Teil natürlich als Vogelfutter endet –, sondern die richtigen Keimbedingungen fehlen. Viele der Einjährigen sind Lichtkeimer, sie brauchen offenen Boden, um zu keimen. Leeren Boden kann man auch sagen: von oben Licht, von unten Bodenkontakt. Auf oder unter einer Pflanzendecke oder unter der Erde passiert – nichts. Gestörte Fläche wird dieser Standort dann genannt, weil die Natur selbst eben selten von alleine nackte Erde im Angebot hat, sondern nur durch eine äußere Einwirkung. So wie es zum Beispiel auf Getreidefeldern immer wieder der Fall ist. Weswegen Mohn, Kornblume, Margerite und andere typische Sommerblumen dort auch tatsächlich wie von alleine immer wiederkommen, ohne dass sie gesät oder gar nachgesät worden wären. Ihre Lebensweise und Verbreitungsart haben sich über Jahrtausende auf den ackernden Menschen eingespielt. Sie überwintern nicht, sondern vertrauen darauf, dass sie spätestens bei der Frühjahrsbestellung wieder genügend Licht bekommen, um zu keimen. Und wenn nicht, dann im nächsten Jahr, denn einmal im Boden, sind ihre Samen oft jahrelang haltbar.

Das heißt für Gärtner: Mohn einmal auszusäen, reicht, um ihn im Garten zu haben, wie in einer Samenbank. Damit jedes Jahr neue Klatschmohnpflanzen keimen, wachsen, blühen und fruchten, braucht er immer wieder neu offene Stellen und Licht. Das gilt auch für die anderen Mohn-Arten, aber auch für Kornblume, Kornrade, Ringelblume und Co. Auch wenn Sie eher wenig Sinn für nackte Erde und unberechenbar herumtobende Einjährige haben, räumen Sie ihnen ein paar Ecken im Garten ein, ein paar offene Stellen, wo sie Jahr für Jahr aufs Neue keimen und blühen können. Allein aus dem Grund, die Samenbank im Boden jung und einsatzfähig zu halten. Denn Lücken gibt es auch ohne Absicht immer wieder, weil andere Pflanzen in die ewigen Jagdgründe eingegangen sind, bei Überschwemmung, Hagelschlag, Trockenheit und Hitze. Dann kommen die Einjährigen wie Turbo-Lückenfüller zum Einsatz, und das

eben ziemlich von alleine. Die Einjährigen begrünen und beblühen die leere Fläche, ohne dass Sie in die Gärtnerei fahren und Stauden kaufen müssen.

Natürlich sind die Sommerblumen viel mehr als Lückenfüller. Wollen Sie Ihren Garten damit gestalten, setzen Sie auf Masse: Ein Mohn macht noch keinen Sommer, aber ein ganzer Haufen schon, eine Sorte und nur in Rot oder in bunten Farben, die dann auch noch mehr Standorte und eine längere Blühperiode abdecken: Der nächste kommt schon auf die Bühne, während der andere sich abschminkt. Wirklich unansehnlich sind die meisten allerdings auch im verblühten Zustand nicht. Die Samenstände sind oft dekorativ, mindestens aber interessant anzusehen. Denn – fast überflüssig zu sagen – natürlich müssen die Blüten stehen bleiben, bis sie gefruchtet haben und die Samen reif sind. Sonst würde es schon gleich gar nichts mit dem Wiederkommen werden. Falls Sie bestimmte Farbstellungen nicht wünschen, ist jetzt der Zeitpunkt, einzugreifen und die nicht erwünschten vor der Samenreife abzuschneiden.

Wollen Sie gezielt im nächsten Jahr bestimmte Gartenbereiche sommerblumenbunt haben, können Sie die Samen ernten, wenn sie reif sind. Auf der Fensterbank auf etwas Zeitung oder Küchenpapier trocknen, in kleine Döschen oder Papiertüten füllen und trocken und nicht zu warm aufbewahren. Beschriften nicht vergessen, sonst ist das Chaos perfekt und Sie haben bunte Samenmischungen für das Guerilla Gardening. Ab Mitte März suchen Sie den Samen dann ein helles, offenes Fleckchen und säen sie aus. Leicht harken, etwas andrücken und angießen, los geht's mit dem Keimen.

Setzen Sie aber natürlich nicht nur auf anthropochore Verbreitung, sondern lassen Sie die Samen sich vorwiegend selbst ihren Platz suchen. Das sind oft die allerbesten Standorte, wo kein Mensch sie je hingesetzt hätte. Und wenn es stört, dann jäten Sie die neue Pflanze einfach weg, die meisten lassen sich wirklich mit einem Handgriff aus dem Boden ziehen, und auch wenn die Wurzel abreißt, treibt da nicht mehr viel nach.

Freie Stellen sind natürlich auch magnetisch anziehend für alle anderen Pioniere, von Franzosenkraut bis Vogelmiere, Kohldistel und Knöterich. Die können ganz hübsch sein, kommen aber optisch gegen Mohn und Ringelblume nicht an, und vor allem: Sie laufen noch schneller auf und decken die Erde so wieder zu und machen es für Klatschmohn und Kornblume zum Keimen zu dunkel. Haben Sie also ein Auge drauf und jäten Sie an dieser Stelle unerwünschte Arten weg.

Offene Stellen schaffen und offen halten, mehr Arbeit machen die einjährigen Selbstständigen dann aber auch nicht. Ihre Anpassung an Wind und Wetter ist phänomenal, die Wurzeln reichen oft sehr tief und kommen immer irgendwie an Wasser, egal, wie heiß und trocken es ist.

Wenn die Samenkinder ihren Weg in die Welt angetreten haben und im Boden oder bei Ihnen im Schuppen Winterschlaf halten, ist es Zeit, die alt gewordenen Einjährigen zu stutzen oder zu entfernen. Sie können sie auch bis zum Frühjahr stehen lassen als Zierde, Futter, Gründüngung. Aber: Der eine Sommer ist jetzt vorbei.

Blühen einen Sommer, im Vorjahr zu sehen: Zweijährige

Zweijährige keimen in ihrem ersten Jahr und überwintern als grüne Blattrosette. So machen es Fingerhut und Königskerze oder Nachtviole, Mondviole, Lichtnelke, Malven, Barbarakresse und Vergissmeinnicht. Das ist wichtig zu wissen, denn das muss so sein und soll nicht weg. Wer jetzt unbedacht jätet, wird nicht erleben, wie im kommenden Jahr die Stängel in die Höhe wachsen und Blüten über Blüten erscheinen.

Auch Kratzdisteln und andere »Un«-Kräuter leben so – und hier ist es natürlich ein Vorteil des gestaltungswilligen Gärtners, wenn er sie in ihrem ersten Jahr erkennt und jätet: Es geht dann noch sehr leicht, die Wurzel ist noch nicht so tief und man kommt ihnen lange zuvor, bevor sie Samen bilden und sich zu sehr verbreiten.

Zweijährige nehmen sich nicht nur mehr Zeit zum Wachsen, der Grün- und Blattanteil ist auch oft etwas größer und kräftiger. Die Blüten sind, daran gemessen, nicht ganz so üppig und überschäumend. So ragen sie als Blickfang über das übrige Blütenmeer, bilden einen Hintergrund, sind Solitäre in kleinen Ecken, hinter Bänken, vor Schuppen und können auch als dezenter Sichtschutz am Gartenzaun wachsen. Nach der Blüte sterben sie ab, sehen aber auch dann noch lange gut aus und sorgen im winterkahlen Garten für Struktur, bis die Natur ihr Recht fordert und die ehemals großen Pflanzen in braune Strünke verwandelt.

Ansonsten gibt es zu den Einjährigen keine ganz großen Unterschiede: Sie verbreiten sich als Samen und wenn sie einmal im Garten Fuß gefasst haben, werden sie immer wieder dort auftauchen, wo es ihnen gut gefällt. Möchten Sie als Gärtner lenken, greifen Sie bei der Samenbildung ein: Unerwünschte Farben oder zu ausbreitungsfreudige Kollegen herunterschneiden, bevor der Samen fällt, fliegt oder von Tieren durch den Garten getragen wird. Natürlich können Sie die erstjährigen Rosetten auch jäten, wo sie Ihnen in die Quere kommen. Verpflanzen klappt oft nicht gut, weil viele Arten tiefe Wurzeln bilden, mit denen sie durch den Winter kommen. Säen ist einfacher, wenn Sie gezielt Beete oder Stellen mit zweijährigen Arten besiedeln wollen.

Distelsamen fliegen mit dem Wind davon.

Beständig und viele Jahre unsere Gartengäste: Stauden

»Staude« ist ein schönes Wort, das schon irgendwie nach Dauer und Beständigkeit klingt. Sie steht da, und da bleibt sie auch. Viel schöner als die Bezeichnungen »mehrjährig« oder »ausdauernd«. Ganz einheitlich sind diese Begriffe nicht, in der Alltagssprache meint man oft etwas anderes als im gärtnerischen Sprachgebrauch und auch da gibt es Unterschiede. Ich verwende diesen Begriff für ausdauernde oder mehrjährige Pflanzen, die über viele Jahre bleiben, wo sie sind, und »jedes Jahr wiederkommen«. Pflanzen, die aus ihren Überwinterungsorganen neu erblühen, die im Winter nicht viel mehr sind als Gestrüpp am Boden oder Wurzelknollen oder Zwiebeln unter der Erde. Manche wie die Färberkamille stehen nur ein paar Jahre am selben Platz, versamen sich aber reichlich und bleiben so dauerhaft im Garten. Andere wie Storchschnabel, Pfingstrosen oder Farne stehen über Jahrzehnte an Ort und Stelle.

Gärtner mögen Stauden, weil sie so verlässlich sind. Was nicht gleichbedeutend mit langweilig ist. Es gibt hohe, dicke, schmale, kleine Stauden, mit tollen Blättern und vielen Blüten, frühe und späte. Frauenmantel und Fette Henne, Sonnenhut und Schlüsselblume. Auch unselbstständig sind sie nicht unbedingt. Sie bilden Samen und auch oft Ausläufer, erscheinen an anderen Stellen im Garten: Manche nach und nach, andere sind eher schüchtern und freuen sich, wenn sie die schützende Hand des Gärtners vor konkurrenzstarkem Grün behütet, bis sie eingewachsen und erwachsen sind. Dies dann durchaus an strapaziösen Standorten wie in knallender Sonne, im Dauer-Baumschatten oder zwischen engen Pflasterfugen. Andere Stauden sind so lebhaft, dass der Gärtner lenken und bremsen sollte, damit sie nicht andere Blumen überwuchern oder den ganzen Garten. Oder sie brauchen gleichwertige Kollegen, die sich gegenseitig im Zaum halten und unter sich ausmachen, wer welche Plätze übernimmt – und wie nebenbei wunderbare Pflanzbilder entstehen lassen. Vorteil dieser sehr lebendigen Arten wie Lampionblume, Schafgarbe, Rainfarn und Gilbweiderich ist, dass sie lässig auch Standorte erreichen, wo sie niemals jemand hingesetzt hätte und wo es für Sämlinge auch einfach schwer auszuhalten ist.

Das alles gilt zumindest für die Wildformen. Bei Zier-, Edel- oder Beetstauden ist es ein bisschen anders. Sollen sie doch Staudenpflanzpläne erfüllen und gefälligst bleiben, wo und wie sie gepflanzt wurden. Selbstständigkeit passt da natürlich überhaupt nicht ins Konzept. Diesen Sorten haben die Züchter die Lust aufs Vermehren und Ausbreiten möglichst abgewöhnt. Oder es versucht. Ganz klappt es nicht. Auch die meisten Zierstauden bilden Ausläufer, allerdings oft nur so kurz, dass es aussieht, als würde die Pflanze breiter werden. Und weil die Ausgangspflanze in der Mitte langsam aufs Altenteil geht und abstirbt, entsteht optisch eine ringartige Pflanze mit einem leeren Bereich in der Mitte, was der Gärtner dann Verkahlen oder Vergreisen nennt, obwohl es eigentlich nur sehr lebendige Vermehrung und Verbreitung ist.

Die gelb blühende Färberkamille wandert wie der zweijährige Natternkopf durch den Garten.

Bäume, Büsche, Sträucher: Verholzende Pflanzen sind auch noch eine Kategorie

Auch Bäume und Gehölze verbreiten sich natürlich, jedes auf seine Art und manche auf mehrere Arten gleichzeitig. Selbstausbreitung, Vögel, Wind, Ausläufer, alles ist dabei. Allerdings wachsen sie sehr langsam und im Garten müssen Büsche und Bäume aus optischen und oft auch aus rechtlichen Gründen einfach an ihnen zugewiesene Stellen, als dass man das den Pflanzen selber überlassen wollen würde.

Es sei denn, Sie haben viel Zeit und Fläche. Wie das Altkanzler-Ehepaar Schmidt, das ein Roggenfeld direkt neben seinem Ferienhaus kaufte und brachliegen ließ. 1976 war das, und mittlerweile ist ein Urwald daraus geworden. Heute sind die Birken 15 bis 20 Meter hoch. Es wachsen dort inzwischen unter der Obhut der Loki-Schmidt-Stiftung auch Bergahorn, Stieleiche und Rotbuche.

In der gängigen Gartenpraxis wird empfohlen, »verkahlende« Stauden durch Aufnehmen, Teilen und erneutes Einpflanzen der Teilstücke wieder grün, dicht und blühfreudig werden zu lassen, am besten gibt man ihnen gleich noch Dünger und neue Erde mit. Ein bisschen umständlich das Ganze. Man könnte sie auch einfach in Ruhe lassen. Denn mit den Ausläufern holt sie sich ganz alleine den Tapetenwechsel und den frischen Boden, den sie braucht, anstatt durch Dünger und neue Erde nachzuhelfen.

Wer Wildstauden hat, kann sich all diese Arbeit sparen. Sie suchen sich über lange oder kurze Ausläufer neue Plätze, überlassen den alten Standort einer anderen Blume, die gerade jetzt, genau da gut wachsen würde. Weiterer Pluspunkt: Sie produzieren anders als sterile Hybriden und dick gefüllt blühende Züchtungen jede Menge Pollen und Nektar und das freut auch die Insekten. Ganz besonders freut sich die heimische Insektenwelt über heimische Wildstauden, die auch hier bei uns so in der Natur vorkommen, wild eben. Wildstauden aus den gemäßigten Zonen anderer Kontinente sind zwar auch nicht züchterisch verändert, aber kein so alteingesessener Lebensraum und nicht altgewohnte Futterquelle.

Das heißt nicht, dass die bereits fest integrierten Diven raus müssen, neu Geschenktes in den Kompost oder dass Sie sich jegliche Impulskäufe versagen müssen. Ein paar davon tragen die selbstständigen Pflanzen gerne mit. Manche sind auch gar nicht so etepetete wie gedacht, wenn sie nur gelassen werden. Ein bisschen so, wie wenn die dicke Perserkatze ausnahmsweise mal in den Garten kommt. Erst wird sie verängstigt dasitzen und schauen, ob ihr jemand Futter bringt. Vielleicht macht sie sich aber auch vorsichtig auf, die Freiheit zu genießen.

Auch selbstständige Stauden sind aber immer noch verhältnismäßig ortsfest, verglichen mit den quicklebendigen und wanderfreudigen Ein- und Zweijährigen, die ja oft nur ganz kurz da sind und dann immer wieder woanders. Stauden bieten dem Auge etwas zum Wiedererkennen und zum Ausruhen.

Den Startschuss für eine bestimmte Art setzt man am besten mit Pflanzen. Teilstücke reichen oft, manchmal sogar ein Stück Wurzel. Säen funktioniert am Anfang eher schlecht. Oft sind die Keimbedingungen ein bisschen komplex. Warum sollte man Samenkörner beispielsweise einweichen, in den Kühlschrank stellen oder andere Bedingungen für sie simulieren, wenn die Natur es im Regelfall übers Jahr ganz gut alleine hinbekommt? Einmal im Garten etabliert, versamen sich Stauden nämlich oft selbst und gut. Auch hier lässt der Gärtner ganz entspannt den Samenstand stehen und Wind, Wetter und Tier-WG mal machen. Wenn Sie Stauden für die Vase schneiden, sollten immer einige Blütenstände übrig bleiben. Falls es an einzelnen Stellen sehr struppig aussieht, kann dort auch alles abgeschnitten werden, wenn die Samen reif sind. Das Schnittgut kommt wie Mulch in eine Ecke, wo es nicht so ins Auge fällt, und die Samen bleiben im Garten erhalten und kümmern sich selbst um ihre Verbreitung.

Jetzt geht's los: planen, an den Start bringen und auf Trab halten

Selbstständig heißt natürlich nicht, dass die Blumen wirklich alles ganz von alleine machen. Aber Sie werden anders als in vielen anderen Gärten sehr, sehr wenig damit zu tun haben, die Pflanzen zu päppeln, zu hegen und zu pflegen. Schon eher, die Fülle zu lenken. Aber: Bevor gelenkt werden kann, müssen die Pflanzen da sein. Und zwar die, die zu Ihnen und zu Ihrem Garten am besten passen.

Von alleine kommen Allerweltspflanzen wie der Löwenzahn. Wenn es wie hier noch viele andere schöne Arten geben soll, bedarf es einer gewissen Planung und etwas Vorarbeit.

Erst die Arbeit: gut geplant, ist halb geblüht

Sie brauchen einen gewissen Plan.

Und zwar egal, ob Sie einen leeren, nackten, zerwühlten Bauplatz haben oder ob Sie für Ihre Rosenköniginnen angenehme, pflegeleichte selbstständige Begleiter möchten. Oder den selbstständigen Pflanzen erst mal nur die schwierigen Standorte überlassen möchten: Fugen, Wege, Pflaster, Sauberkeitsstreifen rund ums Haus und Dachüberstände.

Für den Plan sollten Sie sich Zeit nehmen. Aber das ist dann auch wirklich schon die meiste Arbeit gewesen.

Machen Sie eine Bestandsaufnahme vom Garten oder von dem Bereich, um den es gehen soll. Vielleicht haben Sie noch einen Plan vom Bauen oder vom Hauskauf, wenn nicht, dann zeichnen Sie ihn sich selbst. Und zwar mit Maßband, Stift und Lineal; das ist eigentlich viel besser, weil Sie sich so notwendigerweise mit der Lage vor Ort genau befassen. Gartenplanungssoftware – egal, ob namhaft und teuer oder gratis – ist nicht wirklich nötig. Die meisten sind zwar durchaus leicht zu bedienen, es lassen sich Pflanzen, Bäume, Gartenzäune oder Teiche einfach per *drag and drop* in der Zeichnung platzieren, das fertige Konzept wird schick, manchmal sogar dreidimensional präsentiert. Aber eine Skizze reicht: die Grundstücksumrisse, das Haus oder andere Gebäude, Bäume, Beete, Hügel, Senken, Zaun, Mauer oder Hecke. Ebenso Mauern, Gartenhäuschen, Ecken, die noch keine Beachtung gefunden haben, Dachüberstände, Streifen zwischen Zaun und Schuppen und das Drumherum, wenn es markant und wichtig ist – die große Buche gegenüber, der Kirchturm oder die hässlichen Garagen vom Nachbarn. Ein Meter Garten wird dabei zu einem Zentimeterkästchen auf dem Millimeterpapier (Maßstab 1:100). Markieren Sie, wo wann und wie lange Sonne ist, wo Schatten, wo es windig ist und wo geschützt, wo eher trocken und wo sich das Wasser staut.

Und klären Sie die Wachstumsverhältnisse: Ist der Boden sandig, lehmig, kalkreich oder sauer? (Das kann man im Labor machen lassen und kostet zwischen zehn und fünfzig Euro. Adressen für Bodenuntersuchungen gibt es bei Gemeindeverwaltungen, Verbraucherberatungen, im Branchenbuch und natürlich im Internet.)

Und auch Ihre Pflanzen können Sie katalogisieren: Welche Arten haben Sie? Welche mögen Sie und hätten Sie gerne? Welche davon sind nach allem, was Sie bisher wissen, selbstständige Arten? Sind Arten vielleicht von alleine gekommen oder wachsen an Stellen, wo sie nicht gepflanzt oder gesät worden sind? Welche möchten Sie unbedingt loswerden? Sind Arten aus der Liste ab Seite 149 dabei?

Die Tabelle in diesem Buch ist natürlich nicht vollständig, weil erstens eine komplette Auflistung den Rahmen sprengen würde und zweitens es immer mal wieder je nach Landstrich und Standort andere Arten gibt, die ich bei mir vielleicht

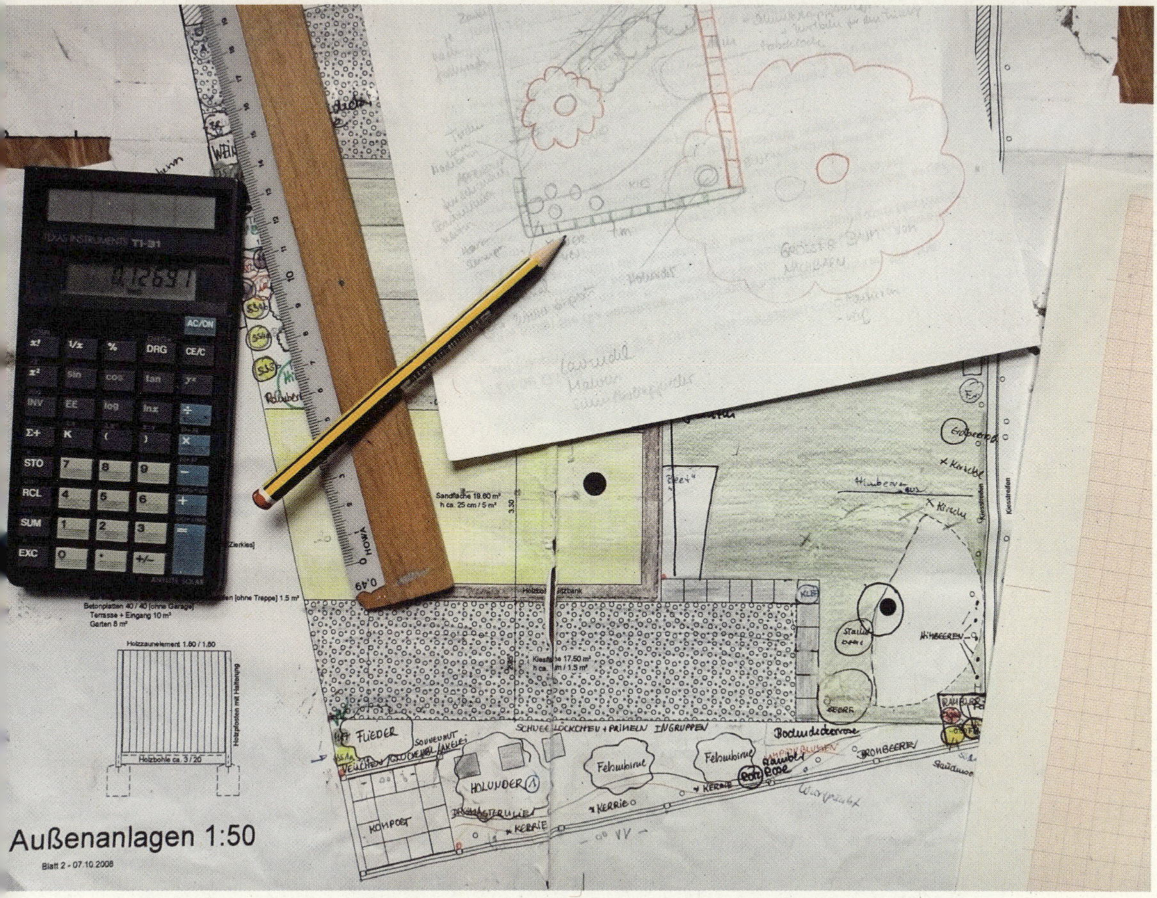

Etwas Planung hilft beim Start. Nach der Initialzündung machen die Pflanzen alleine weiter.

gar nicht als selbstständig erlebt habe. Dann schreiben Sie mir gerne (mehr dazu auf Seite 147).

Lassen Sie sich auch ruhig inspirieren, auf Gartenschauen, von Büchern oder Zeitschriften. Oder von dem, was Ihnen vor dem inneren Auge erscheint, wenn Sie das Wort »Traumgarten« hören: Osterglocken unterm blühende Apfelbaum, Efeu, Moos und Buschwindröschen, eine Wiese voller Gänseblümchen, Mohn und tanzender Schmetterlinge; Sommertage auf der Liege, die Sonne im Nacken, die Katze auf dem Schoß; Lavendelduft und knirschender Kies, Rosen schneiden und Gemüse ernten, Heidelandschaft, im Wind wogende Gräser, mediterrane Kräuter, eine bunt blühende Blumenwiese, Stockrose und Fingerhut als Kulisse für Gartennachmittage mit Freunden …

Nicht, um alles auf Ihrem Wunschzettel auch zu verwirklichen. Das geht meist nicht – auch wenn man natürlich einen fetten Lehmboden in eine Steppenlandschaft verwandeln kann und einen trockenen norddeutschen Sandboden in ein Feuchtbiotop: durch Bodenaustausch, Kalkgaben oder Versäuerung, Aufstauung, Trockenlegen. Aber das entspricht ganz und gar nicht dem Spirit eines Gärtners, der mit selbstständigen Pflanzen arbeiten möchte. Wenn in Ihrem feuchten Schattenreich noch nie eine Akelei länger als einen Sommer durchgehalten hat, werden Sie das Bild, dass bald aus jeder Fuge ein Exemplar sprießt, nicht umsetzen können.

Ein Geschenk, wenn die Wünsche zu den Gegebenheiten passen. Wenn nicht, dann können Sie den Wunsch loslassen und verabschieden; und sich dem zuwenden, was in Ihrem Ort, in Ihrer Lage, Ihrem Garten möglich *ist.* Dass aus jeder Fuge etwas sprießt, das nämlich schon. Nicht unbedingt jede Wunschblume, aber auch nicht irgendetwas. Irgendwas kommt von alleine, das stimmt, aber Sie wollen ja was Schönes und das sind meist nicht die Allerweltsarten wie Löwenzahn. Und Sie wollen das, was zu Ihnen und Ihrem Garten passt. Bestimmt sind besondere Aspekte Ihres Traumgartens umsetzbar. Vielleicht aber mit anderen, zu Ihrem Standort passenden Pflanzen.

Ob Sie diese Pflanzen kaufen, ertauschen oder sich schenken lassen, ist egal. Nehmen Sie es bitte nur nicht aus der Natur. Viele Arten sind als Wildvorkommen geschützt und auch wenn Sie nur Samen oder Ausläufer abernten, schmälern Sie deren Selbstständigkeit am Wildstandort.

Auch, wenn Sie wie ich ein sachliches Verhältnis zu wilden Kräutern haben, mehr als sowieso schon an Un-Kräutern im Garten wuchert, braucht man zudem meist nicht davon. Mit fremden Stauden kommt aber oft ein ganzer Schwung an Samen oder Sämlingen von »Beikräutern«. Meist ist das nicht schlimm, aber je nach Art kann es sehr lästig werden, besonders bei Wurzelunkräutern, wie zum Beispiel dem Ackerschachtelhalm. Deshalb: Am besten die Pflanze auspacken und die obere Schicht der Topf- oder Gartenerde entfernen, auch wenn kein Unkraut zu sehen ist. Ganz auf Nummer sicher gehen Sie, wenn Sie alles waschen und duschen und die jetzt wurzelnackte Staude in die Erde setzen. Auf Nummer sicher, was das Unkraut angeht. Der Pflanze selbst allerdings verletzten Sie dabei möglicherweise das empfindliche Wurzelsystem und erschweren ihr, anzuwachsen.

Einige der folgenden Arbeitsschritte sind immer dieselben, egal, ob Ihr Garten klein ist oder groß, ob schattig oder sonnig. Diese stelle ich Ihnen hier ausführlich vor. Sie werden überall im Buch wieder auftauchen.

Vorziehen ökologisch und preiswert: Ansaattöpfchen selbst gemacht

Für alle, die früh den Sommer im Garten haben wollen, beginnt die Gartensaison im Winter: mit dem Vorziehen auf der Fensterbank. Preiswert und praktisch sind für diesen Zweck ausgediente Eierkartons. Diese werden lediglich auseinandergeschnitten und am Boden mit einem Loch versehen, damit sich das Gießwasser nicht staut. Ebenfalls gut: leere Toilettenpapierrollen. Schneiden Sie diese an einem Ende am Rand fünf-, sechsmal bis knapp zur Mitte ein. Diese Streifen nach innen falten und so zurechtdrücken und -rücken, dass ein schöner Boden entsteht.

Wer mehr Töpfchen benötigt, als Eierkartons und leere Klorollen im Haus sind, dem sei die Anschaffung einer Papiertopf-Presse empfohlen, auch *paper potter* genannt. Sie besteht aus einem Stempel und einer dazu passenden Schale. Damit lassen sich dann aus (Alt-)Papier Töpfchen selber pressen. Und zwar so: Papier in Streifen schneiden oder reißen, etwa einen halben Meter lang und ungefähr so breit, wie der Stempel hoch ist. Diesen Streifen um den Stempel wickeln, ihn quasi einwickeln, und dabei am unteren Rand etwa 3 cm überstehen lassen. Diesen Überstand einfalten und dann den ganzen Stempel mit einer kräftigen Drehbewegung in die dazugehörige Schale drücken. Das Töpfchen vorsichtig vom Stempel ziehen – und fertig. Ähnlich gut geht es mit einer Milch-Glasflasche oder einer kleinen sauberen, nicht scharfkantigen Konservendose.

Eierkarton oder Papiertöpfe werden jetzt mit Erde gefüllt. Dazu braucht es keine teure spezielle Aussaaterde, eine 1:1-Mischung aus Ihrer normalen Gartenerde und Sand, schön gesiebt, tut es ebenso. (Erde pur oder normale Blumenerde enthält zu viele Nährstoffe für den kleinen Keimling). Stellen Sie die Töpfchen in Untersetzer, Schalen, Tabletts, was auch immer der Schuppen oder Speicher hergibt. Auch Schuhkarton-Deckel, mit Frischhaltefolie wasserdicht ausgelegt, eignen sich.

Die Töpfchen dicht an dicht hineinstellen, damit sie nicht umfallen. Pro Töpfchen wird dann ein Samenkorn ausgesät. So wächst jedes Pflänzchen in seinem eigenen Topf und der Gärtner kann sich das fummelige Pikieren vor dem Auspflanzen ersparen. Schön warm und gleichmäßig feucht halten – und wenn es warm genug ist, darf die kleine Pflanze dann nach draußen. Weil Papier und Pappe im Laufe des Sommers verrotten, samt Erde und Töpfchen ab ins Beet – das spart noch einen Arbeitsgang und schont die zarten Wurzeln; manche Keimlinge lassen sich nämlich nicht besonders gern verpflanzen. Deswegen sollten Sie allerdings nur nicht gefärbte Eierkartons verwenden und Ihre eigenen Töpfchen aus altem Packpapier oder Recyclingpapier pressen, nicht aus bunten Zeitschriftenseiten. Diese zersetzen sich schwer und sind oft mit ungesunden Beschichtungen und Farbstoffen ausgerüstet, die man nicht im Garten haben will und schon gar nicht im Gemüsebeet.

Auf die Plätze, fertig: säen und pflanzen

Aussaat direkt ins Freiland ist für die meisten Ein- und Zweijährigen der Weg der Wahl. Säen ist einfach, preiswert und wenn Sie den Samen von Freunden bekommen oder von Ihren eigenen Stammpflanzen ernten (siehe Seite 45), sogar ganz umsonst. Jede Art hat da gewisse Vorlieben – nur aufstreuen oder auch andrücken, mit Erde bedecken oder tief in die Erde stecken. Wer was wie am liebsten mag, steht in der Regel auf den Samentütchen, beim Händler im Katalog oder in der Fachliteratur.

Vorziehen ist nicht nötig, aber natürlich möglich. Umso früher blühen die Ringelblumen und Fingerhüte.

Mehrjährige Arten und auch solche, die sich wie Löwenzahn mit kleinen Federschirmchen mit dem Wind ausbreiten, haben oft kleine Samen, die fast schon weggeflogen sind, bevor sie geerntet werden könnten. Hier funktioniert die etwas ruppigere Art der Schnittgutübertragung am besten. Klingt speziell, ist aber supereinfach: Schneiden Sie die Blüten stängel- oder büschelweise ab, wenn die Samen fast reif sind, und breiten Sie diese dort aus, wo sie in Zukunft auch wachsen sollen. Ein bisschen festklopfen, fertig. Das geht mit Traubenhyazinthen und Vergissmeinnicht, mit Gänseblümchen, im großen Stil bei einer Blumenwiese und im kleinen sogar mit Moos: Eine Handvoll Moos, das von einem steinigen Untergrund abgelöst wurde, mit Joghurt, etwas Zucker und Wasser im Mixer zu einer Creme verarbeiten, an verschiedenen Stellen aufpinseln und immer schön feucht halten. So wird auch die tristeste Mauer schnell schön grün.

Mulch ist das Schnittgut gleichzeitig auch. Und wenn es Ihnen nicht ordentlich genug aussieht, verstecken Sie die Büschel in den hinteren Rängen, so bleibt der Samen im Garten und kann sich durch Wind, Wasser und fleißige Tiere verbreiten.

Bei Stauden ist das Säen oft ein bisschen kompliziert, auch wenn es dann hinterher mit der Selbstaussaat ganz gut klappt. Sie brauchen oft bestimmte Reize, eine Kälteperiode, Licht oder Dunkelheit, viel Feuchtigkeit oder eher eine Trockenperiode. Manche Samen keimen sofort nach der Reife, andere brauchen eine mehr oder weniger lange Keimruhe, die manchmal Jahre betragen kann. Das kann man alles recherchieren und simulieren. Einfacher ist es, ein paar Initialpflanzen zu kaufen und an strategisch günstige Stellen zu setzen; manche lassen sich auch teilen, so kommen Sie mit noch weniger Ausgangspflanzen aus. Und bei Arten wie Lampionblume oder Gilbweiderich und anderen ausläuferbildenden Stauden reicht ein Stück vom Rhizom.

Beim Säen oder Pflanzen ist es manchmal nicht so einfach, den richtigen Platz für die neue Blume zu finden oder einer Blume einen bestimmten Platz schmackhaft zu machen. Auf einer Mauer etwa oder einer gepflasterten Fläche gibt es auf den ersten Blick keinen geeigneten Standort. Ein Kniff ist die Blumentopfmethode, wie ich sie mal nennen will. Ein, zwei, drei Initialpflanzen kommen in Töpfe und werden dort

Selbstständige Pflanzen wie dieser Mauerpfeffer machen Mauern lebendig und bunt.

hingestellt, wo die Art eigentlich wachsen soll: bei mir die Akelei aus dem Garten auf die gepflasterte Fläche vor der Haustür. Dort lässt man sie blühen, fruchten und sich versamen, den Topf vielleicht auch mal über die Fläche wandern, sodass überall etwas hinkommt. Einige Samen werden sicherlich ein passendes Plätzchen finden, erleichtern Sie es ihnen, indem Sie die Fugen in dieser Zeit schön feucht halten und andere junge Pflänzchen, die da auch gerne wachsen würden, entfernen. Sie wollen Akelei und basta.

Sie werden keimen! Und wachsen, blühen und fruchten und auf einmal wächst auf der gepflasterten Fläche vor dem Haus Akelei und ab da dann ganz selbstständig und wie von allein, wenn es ihr dort gut gefällt.

Trockenmauern werden am besten bereits beim Bau bepflanzt. Aber auch in bereits bestehenden Mauern finden selbstständige Arten noch ein Plätzchen. Mit der Blumentopfmethode können Sie auch eine Mauer schneller bewachsen lassen, als wenn Sie sich nur auf Wind und Ameisen verlassen. Stellen Sie Töpfe mit Ihren Wunschpflanzen auf die Mauerkrone, gut befestigt, versteht sich – Wasser und Schwerkraft werden die Arbeit machen. Bei von Ameisen verbreiteten Pflanzen reicht ein Topf am Mauerfuß.

Lenken und loben: wie Sie Blühfreude und Verbreitungslaune fördern

Der Start ist geschafft. Ab jetzt ist das Vergnügen wirklich größer als die Arbeit. Sie brauchen keinen Fuhrpark voller spezieller Gartengeräte, und auch Arbeitskalender á la »Was im Mai im Garten zu tun ist« können Sie in Zukunft getrost überblättern. Sie brauchen ein scharfes Auge, um Ihre selbstständigen Blumen im Blick zu behalten, und eine scharfe Schere, um notfalls ein bisschen zu bremsen und zu lenken. Aber bremsen Sie nicht zu viel. Nicht alles, was von alleine kommt oder üppiger oder anders wächst als geplant, stört das Konzept.

Auch sogenannte Un-Kräuter sind erst mal nur Kräuter: Pflanzen, die in Kulturpflanzenbeständen, Grünland oder Gartenanlagen nicht gezielt angebaut werden, aber spontan und von alleine aus der Samenbank im Boden, über Ausläufer oder über Zuflug oder anderweitig einreisen. Im allgemeinen Sprachgebrauch, so heißt es beim Online-Nachschlagewerk Wikipedia, ist »das Hauptkriterium, um eine Pflanze als Unkraut zu bezeichnen, dass sie unerwünscht ist. Je nach Sicht des Betroffenen kann ein bereits eingetretener, zu befürchtender wirtschaftlicher Schaden infolge Konkurrenz oder ein ästhetischer Grund der Auslöser für das Störungsempfinden sein«. Das stimmt. Ich habe mir angewöhnt, Pflanzen nicht aus Gewohnheit als Unkräuter zu sehen, sondern alle erst mal nur als Kräuter. Und dann zu entscheiden, was ein Un-Kraut ist, oder besser ein Das-soll-da-weg-Kraut, und was ein Kann-da-bleiben-Kraut ist. Vielleicht ist es genau die richtige Blume für diesen Platz und eine Bereicherung für den Garten. Es ist ein bisschen wie mit Kindern: Konzentrieren Sie sich auf die Stärken und nicht auf die Schwächen. Fördern Sie, was gut klappt, dann fällt das, was nicht klappt, nicht so ins Gewicht.

Nicht zu bunt und wild: wie Sie alles im Zaum halten

Ein bisschen Lenken wird dennoch nötig sein. Mit der richtigen Technik ist es ganz einfach. Und mit dem nötigen Wissen haben Sie auch schnell die richtige Technik raus, egal, ob bei Giersch oder Stockrose, Akelei oder Breitwegerich.

Einjährige Samenpflanzen, ob Vogelmiere oder Klatschmohn, können Sie mitsamt Wurzeln einfach aus dem Boden ziehen. Oder hacken, das aber mit Augenmaß und Fingerspitzengefühl, sonst sind schnell noch ein paar Nachbarkeimlinge mit draußen, die man eigentlich gerne behalten hätte. Je kleiner die Pflanzenkinder, desto ähnlicher sehen sie sich. Kommt die Wurzel nicht ganz mit, macht das fast gar nichts, denn die Einjährigen können nicht wie die Ausläuferkönige aus einem Stück gleich wieder durchtreiben. Am besten jäten Sie bei trockenem Wetter, dann können die Pflanzen als Mulch liegen bleiben, ohne dass die Chance besteht, dass sie wieder anwachsen. Ist es gerade schön feucht und der Himmel bedeckt, kann das nämlich leicht passieren.

Bei genauem Hinschauen zeigt so manches Un-Kraut wie das Acker-Stiefmütterchen seine Schönheit.

Dann besser auf den Kompost damit. Natürlich bevor sie Samen gebildet haben, denn dann hat man außer Arbeit eigentlich nichts gewonnen, der nächste Vegetationszyklus wäre schon eingeläutet. Ausnahme: ein Schnellkomposter, in dem Temperaturen von über 50 Grad Celsius erreicht werden. Oder Sie machen Pflanzenjauche aus Ihren gejäteten Kräutern und Blumen (siehe Buchtipp auf Seite 170).

Selbst wenn sich die kleinen Samenbomben ausstreuen konnten, eine wirkliche Gefahr sind die Einjährigen nicht. Wenn sie doch stören, sind sie schnell herausgezupft. Sie tun niemandem was – außer ordnungsliebenden Gärtnern, die es nicht mögen, wenn sich in ihrem Reich einfach jemand so bewegt, wie es ihm gefällt, und damit das Gartenkonzept stört. Offene Stellen werden aber schnell besiedelt, das ist aus Sicht der Mutter Erde einfach sinnvoll, weil es eben für sie nicht sinnvoll ist, nackt zu sein. Wo – wie in einem Garten voller selbstständiger Blumen – wenig nackte Erde ist, weil man sich hier über jede Blume erst mal freut, werden auch wenige Pionierkräuter kommen. Aus Sicht der ordentlichen Gärtner vielleicht ein bisschen ungerecht. Sie sind da, keine Frage, aber es ist wie im Kinderzimmer, in den meisten Fällen regeln sie es unter sich, nur wenn es ganz laut wird, muss vielleicht mal einer eine Ansage machen – und dann geht es auch erst mal wieder entspannt weiter.

Pflanzen, die sich auch vegetativ über unterirdische oder oberirdische Ausläufer verbreiten, sollten Sie ein bisschen schärfer im Auge behalten, und zwar egal, ob es ein eingewandertes Wildkraut ist oder eine Staude, die Sie selbst gesetzt haben.

Ja, wir mögen, wie sie schnell und ohne Murren Flächen bewachsen und sich lang und dünn machen, um sich auch in Lücken zu fädeln, unter Betonflächen durchzuwachsen und in Parkplatzfugen zu erscheinen. Aber nicht überall hätten wir sie gerne, und sie sollen auf ihrem Verbreitungsausflug auch nicht die anderen Pflanzen über den Haufen wachsen.

Die einfachste Methode ist, gleichwertige Kandidaten gemeinsam an den Start zu schicken, sie halten sich gegenseitig im Zaum, teilen sich teilweise die Ebenen: die einen oberirdisch, die anderen dicht unter dem Boden, die dritten eher tiefer. Und wenn sie ihre vorwitzigen Triebspitzen zu weit vorwagen, schneiden Sie diese einfach immer wieder ab, alle paar Tage in der Wachstumszeit.

Das übliche Jäten und Rausreißen ist bei ausläuferbildenden Pflanzen nicht zu empfehlen. Bei oberirdischen geht es noch, aber bei unterirdisch verbreiteten Arten wie Lampionblume oder Giersch reißt man mit einer Wurzelstrippe im Zweifel das ganze Beet auf. Und: Sie werden nie alles erwischen, denn irgendwo reißt die Wurzel ab. Und diese bleibt im Boden und ein kleines Stück Rhizom reicht in der Regel, damit die Pflanze recht bald wie Phönix aus der Asche mit neuer Kraft zurück ist.

Tipps und rigorose Methoden, den gerade auch bei sehr blumenfreundlichen Menschen verhassten Giersch zu töten, kursieren zu Hauf. Herbizide sind nur ein Weg, andere schlagen einen kompletten Bodenaustausch und Begasung vor oder schlagen vor, das Beet mit Mulch, Folie oder dicker Pappe abzudunkeln, zur Not jahrelang, bis endlich der Giersch ausgerottet ist.

Aber es ist nur eine Pflanze. Und es ist auch ein Lebewesen. Außerdem bringt der ganze Aufwand noch nicht mal was. Ein Stück bleibt immer irgendwo, oder von Nachbars Grundstück reist ein Samenkörnchen mit dem Wind ein.

Statt sich abzukämpfen, kann man sich besser gut mit Giersch und Co. stellen. Große Rabatten lassen sich ansehnlich und gierschfrei halten, wenn sie großflächig mit ebenfalls wuchskräftigen Stauden bepflanzt werden: Storchschnabelarten, Gilbweiderich, Vogelknöterich oder Frauenmantel bilden rasch eine dichte Blüten- und Blätterdecke, aus der sich allenfalls zwei, drei Gierschpflänzchen emporrecken. Und die sehen dann eigentlich ganz schön aus.

Oft werden Wurzelsperren empfohlen, um die drängeligen Ausläufer in Schach zu halten. Aber ob Himbeere oder Giersch, ob Veilchen oder Lampionblume, wer Ausläufer bildet, bildet trotzdem noch Früchte und Samen. Und Ameisen, Vögel, Wind und Wetter verteilen diese durch den ganzen Garten. Und auf einmal wächst wieder irgendwo eine Himbeere, die da eigentlich gar nicht hingekommen sein dürfte. Außerdem ist es unglaublich viel Arbeit.

Besser ist es, empfindliche Pflanzen, die den wuchsfreudigen Ausläuferblumen nicht gewachsen sind, in Wurzelsperren zu stecken. Dann kann der Giersch nicht hinein und damit sollte das Problem behoben sein.

Wo doch Ausläufer auftauchen, ob in dem für Mohn bereiteten offenen Beet oder in einer Fuge oder Lücke, wo sie nicht hinsollen: Schneiden Sie einfach die Blätter alle paar Tage ratzekahl ab – nur die Blätter, nicht die Rhizome – und das einige Wochen lang, dann verliert der Giersch immer mehr an Assimilationsfläche, kann immer weniger Nährstoffe in den Wurzeln einlagern, bis ihm irgendwann die Kraft zum Austrieb ausgeht. Hier wird ihm sein Pioniergeist zum Verhängnis, denn er ist einer der Ersten im Jahr, früher als der Rest, und er ist an seinen gefiederten Blättern und dreieckigen Stielen leicht zu erkennen. Ganz jung schmeckt er übrigens lecker, wie Spinat oder Petersilie oder auch als Pesto zu verwenden, und mit Vogelmiere, Franzosenkraut, ein bisschen Sahne und Knoblauch machen Sie eine leckere Suppe daraus.

Leider kann man nicht alles einfach aufessen. Wer auch drängelnde größere Pflanzen im Garten hat, Bambus, Sanddorn, Essigbaum und Ähnliches, sollte deren Rhizomsperren von vornherein professionell anlegen. Teichfolie, Geotextil, Dachpappe oder was sonst von irgendeinem Projekt übrig sein mag, eignet sich nicht. Die spitzen harten Bambustriebe piksen sich recht mühelos hindurch. Alte Eimer ohne Boden oder die durchgerostete Zinkwanne sind nicht hoch genug, denn 60 Zentimeter unter der Erdoberfläche sollten es schon sein und oben sollte auch noch ein Stück herausragen, damit man sieht, ob sich ein Trieb ganz knapp über der Erdoberfläche durchschlängeln will. Empfohlen wird eine Spezialfolie aus hochstabilen und widerstandsfähigen Kunststoffen wie Polypropylen oder hartem Polyethylen HDPE (*high density* = mit hoher Dichte). Passend dazu kann man eine spezielle Aluschiene kaufen, die Anfang und Ende der Folie verbindet, sodass eine Röhre entsteht. Die sollte nach unten hin einen etwas größeren Durchmesser haben, damit die meist waagerecht drängelnden Rhizome nach oben geleitet, identifiziert und entfernt werden können.

Wer mit so offenen Armen gärtnert wie wir und erst mal schauen möchte, was da in der Pflasterfuge oder auf dem für die jährliche Portion einjährige Sommerblumen offen gehaltenen Beet aufläuft, steht nun vor dem Dilemma, beim möglichst frühen Jäten noch nicht erkennen zu können, ob nur schnöde Pionierpflanzen oder eine neue Kollegin Quartier genommen hat. Vielleicht mit Blüten für die Insekten, vielleicht riecht sie toll, sucht sich nach und nach die unmöglichsten Plätze oder bildete Samenstände. Erst mal beobachten, warum nicht. Aber die Augen sollten genauso offen sein wie die Arme.

Mit der Zeit bekommen Sie Erfahrung und auf jeden Fall einen Blick für Ihre Pappenheimer; denn natürlich gibt es ein paar, die Sie sofort jäten sollten, wenn sie denn weg sollen, weil sie sich später metertief und meterlang eingewurzelt haben.

Hilfe für Anfänger liefert das Buch »Wird das was oder kann das weg?« (siehe Literaturtipp auf Seite 170). Je nach Garten werden Sie einen speziellen Kandidaten haben, den Sie im Auge behalten müssen. Die allerwichtigsten Vertreter der Kategorie »kann nerven« finden Sie auf den folgenden Seiten.

Ackerschachtelhalm *(Equisetum arvense)*
Er startet eher unauffällig im März, mit kleinen braunen, pilzartig aussehenden Sporentrieben – genau das ist der Zeitpunkt für den Zugriff: weg damit, abschneiden und ausreißen, bevor die Sporen reif sind und in Scharen in Ihren Garten entlassen werden. Nach dem Sporentrieb kommen grüne, ein wenig unschuldig an Tannenwedel erinnernde grüne Triebe, die mit der Zeit ihr typisches ineinander geschachteltes Aussehen bekommen, auch diese Triebe müssen konsequent entfernt werden. Gleichzeitig bildet er allerdings unterirdisch ein weitverzweigtes Wurzelgeflecht, aus dem er Jahr für Jahr wieder neu austreibt. Wenn man ihn im Garten hat, muss man ihn permanent im Auge behalten – und kann aus dem ganzen ausgerupften Grün, das reich an Kieselsäure ist, aber eine pflanzenstärkende Brühe für Rosen oder Tomaten herstellen.

Giersch *(Aegopodium podagraria)*
Er mag es schattig bis halbschattig, nur das darf er sich so selten aussuchen. Seine enorme Wuchskraft ist verrufen, ein paar Rhizomstückchen reichen und er beginnt sein unterirdisches Wurzelgeflecht zu ziehen, grüne Blätter ans Tageslicht zu treiben und blüht im Sommer mit hellen zarten Blütenschirmen. Klar, so ein Naturbursche rückt den edlen Gartenzierpflanzen ziemlich auf die Pelle. Loswerden Sie ihn nicht, zurückdrängen geht aber. Schneiden Sie ihn einfach immer wieder oberirdisch ab, wo er auftaucht. Er ist ein leckeres Gemüse und tolles Kaninchenfutter. Immer wieder und so jung wie möglich entfernen! Und dabei bitte nicht mit kleinen Storchschnabel- oder Frauenmantelpflanzen oder giftigem Schierling verwechseln.

Beifußblättriges Traubenkraut *(Ambrosia artemisiifolia)*
Die einjährige Pflanze steht zurzeit ganz oben auf der Liste der »Bösen«, sie blüht lange und reichlich, hat wenig Ansprüche an ihren Standort und wächst deshalb gern überall. Wer allergisch auf Pollen ist, dem verlängert Ambrosia die Heuschnupfensaison bis in den Herbst. In ihrer nordamerikanischen Heimat ist Ambrosia allerdings wohlgelitten als Gründünger, Insektenweide und Winterfutter für Vögel; irgendwie muss sie ja auch zu ihrem göttlichen Namen gekommen sein (aus dem Griechischen, = Speise der Götter). Am besten ausreißen, so jung wie möglich, bevor sie blüht.

Nachtschatten *(Solanum nigra)*
Weiche Blätter, interessante Blüten, kleine schwarze Früchte. Und sehr, sehr giftig. Wächst gerne im Gemüsebeet, da ist es warm, locker und nährstoffreich, sonst auch auf Schutt und Schotter. Rausreißen, am besten nicht verwechseln mit jungen Tomaten, die auch Nachtschattengewächse sind und sich im jungen Zustand durchaus ähneln. Verwandte giftige Nachtschatten sind die Tollkirsche *(Atropa belladonna)* und der Bittersüße Nachtschatten *(Solanum dulcamara),* der lila blüht und rote Beeren trägt.

Greiskraut

Vogelmiere

Schöllkraut

Distel

Ackerschachtelhalm

Rispe

Franzosenkraut *(Galinsoga parviflora)*
Die einjährige Pflanze wird auch Knopfkraut genannt, der kleinen gelbweißen Blüten wegen. Es stammt aus Südamerika und wird dort wie Spinat gehandhabt, bei uns siedelt es sich gerne auf offenen, nährstoffreichen Stellen an – auf Gartenböden also. Es wächst schnell und dicht, lässt sich aber leicht weghacken, wenn es lästig werden sollte. Und es ist essbar. Spinat eben (siehe dazu auch das Foto auf Seite 11).

Vogelmiere *(Stellaria media)*
Frisches Grün und kleine Blüten kennzeichnen die zarte Pflanze. Sie mag es locker leicht und offen, lässt sich leicht weghacken – und aufessen –, kommt aber immer wieder. Eine einzelne Pflanze kann Zehntausende Samen produzieren, jeder einzelne Samen ist Jahrzehnte keimfähig. Gibt es irgendwo eine offene Stelle, ist sie schon wieder da und breitet ihre Stängel fächerförmig um sich aus. Am liebsten im Gemüsebeet – und stört, wenn man es da gerne übersichtlich und ordentlich hat.

Schöllkraut *(Chelidonium majus)*
Wächst überall, weil es mit dem Ameisentaxi unterwegs ist. Nicht sehr anspruchsvoll, was Wurzelraum und Boden angeht. Am liebsten mag Schöllkraut es sonnig, dann ist es schon früh im Jahr da und hält den Platz besetzt, es wächst aber auch im Schatten. Es blüht gelb und findet malerische Lücken. Wo Sie lieber was anderes sehen würden, ziehen Sie es einfach raus. Aber nicht verwechseln mit Akelei und Lerchensporn! Ein Trick: ein Blättchen abreißen. Tritt gelber Milchsaft aus, ist es Schöllkraut. Sonst doch wohl was anderes.

Rispe *(Poa annua)* und **Quecke** *(Elymus repens)*
Die Rispe ist ein kleines Gras, das überall aufläuft und fast ganzjährig da ist, auch unter Schnee. Wenn Sie kein Gras im Blumenbeet wollen und schon gar nicht so ein unscheinbares, hacken Sie es weg, bevor es sich versamt. Fertig.

Ein anderes Kaliber ist die Quecke, ein langhalmiges Gras mit schmaler Blüte: Es schiebt unterirdisch Rhizome durch Acker, Beet und Garten und taucht in jeder Lücke auf. Ganz los wird man sie nicht; der einzige Weg ist, sie immer wieder oberirdisch abzuschneiden, wo immer sie sich breitmacht und nicht wachsen soll.

Kanadisches Berufkraut *(Erigeron canadensis)*
Es stört nicht wirklich, aber es wächst und wächst und wird groß. Wenn es endlich blüht – passiert nichts. Die Blüten sind winzig und sehen schon beim Aufblühen wie welk aus. Es verbreitet sich mit vielen kleinen Flugsamen, spätestens kurz davor sollte man es rausreißen, wenn man nicht im nächsten Jahr noch mehr von diesen Schlafmützen im Garten stehen haben will. Ähnlich ist es mit seinem ebenfalls sehr ausbreitungsfreudigen Verwandten, dem Einjährigen Berufskraut *(Erigeron annuus)*.

Brennnessel *(Urtica dioica)*
Das deutsche Unkraut. Mag Stickstoff, weswegen die Hundegassi-Routen oft brennnesselgesäumt sind. Brennnesseln sind wichtige Raupenfutterpflanzen, deshalb sollte jeder ein paar davon in seinem Garten für die Schmetterlinge haben und behalten. Aber die Blüte ist nicht besonders dekorativ und die Blätter brennen. Im Garten ist sie deshalb nicht direkt lästig, aber doch eher was für den Hintergrund und abgelegene Ecken. Sie breitet sich moderat mit Ausläufern aus und natürlich per Samen. Wer sie so früh wie möglich jätet, kommt ihr am besten bei. Am besten mit Handschuhen, denn auch die kleinste Pflanze kann schon ordentlich nesseln. Junge Blätter sind essbar, Jauche aus älteren Exemplaren ist gut als Pflanzenstärkungsmittel einsetzbar.

Disteln

Die Korbblütler sind je nach Art und Sorte mehr oder weniger lästig und piksig, einige sind aber durchaus attraktiv. Im Garten hat man es oft mit der Acker-Gänsedistel *(Sonchus arvensis)* zu tun, sie hat eher weiche Blätter und blüht gelb. Jung sind die Blätter lecker als Gemüse und wer sie loswerden will, kann sie recht einfach jäten, am besten natürlich vor der Fruchtreife. Ein bisschen anders ist es bei der Acker-Kratzdistel *(Cirsium arvense),* sie hat lila Blüten, die ordentlich flugfähige Samen produzieren. Lassen Sie die Pflanzen blühen, sie bieten Nahrung für viele, viele Insekten. Als zweijährige Art stirbt sie danach oft ab, die Samen fliegen weiter als nur bis zu Ihrem nächsten Beet. Wem das zu hoch gepokert ist, schneidet sie jedoch vor der Samenreife ab. Rausziehen und ausstechen hat oft keinen Erfolg. Denn sie verbreitet sich auch durch zähe Ausläufer, die auch aus einem halben Meter Tiefe noch austreiben können.

Und dann gibt es noch die Eselsdistel *(Onopordum acanthium),* ebenfalls zweijährig wächst sie aus der vorjährigen Blattrosette zu einem imposanten Stachelwesen heran. Auch sie verteilt aus ihren verblühten Korbblüten unzählbare Flugsamen und stirbt dann ab. Ein Teil der Samen wird auch durch Ameisen verteilt. Sie kann auf sehr trockenen Standorten wachsen, ihre gefurcht geflügelten Stängel wirken wie Regenrinnen und leiten das Wasser, das direkt auf ihre Füße kommt.

Greiskräuter *(Senecio)*

Die gelb blühenden Korbblütler gibt es in vielen Unterarten weltweit, sie sind recht hübsch und selbstständig, sehr selbstständig oft, ihre Samen verbreiten sich durch den Wind und auch Ameisen schleppen sie in ihren Bau. Einige Arten sind allerdings eher unangenehme Nachbarn, zum Beispiel das auch unter dem Namen Jakobskreuzkraut bekannte Jakobs-Greiskraut *(Senecio jacobaea);* es ist eine alte heimische Pflanze, die in der jüngsten Zeit aber sehr häufig vorkommt, vor allem auf Wiesen und Weiden. Was nicht ungefährlich ist, denn es enthält verschiedene giftige Alkaloide, die besonders für Pferde, aber auch für Rinder, Schafe und Ziegen gefährlich werden können. Eher neu in der heimischen Pflanzenwelt ist das Schmalblättrige Greiskraut *(Senecio inaequidens):* Es stammt ursprünglich aus Südafrika und wächst bei uns entlang von Straßen und Bahntrassen, auf Baustellen, Bahnhöfen, an Wegrändern und in Industriegebieten und enthält ebenfalls verschiedene lebergiftige Alkaloide. Genau wie das Gewöhnliche Greiskraut *(Senecio vulgaris),* mit dem wir es im Garten meistens zu tun haben. Da hier aber selten Nutztiere weiden, ist das kein großes Problem. Das Gewöhnliche Greiskraut ist ein typisches heimisches Ackerbegleitkraut, das sich leicht hacken oder herausreißen lässt.

Und dann viel Vergnügen: der Anti-Arbeitsplan fürs Gärtnern

Nur in der Hängematte dösen, das ist auch mit selbstständigen Pflanzen nicht zu machen. Aber das ist ja auch nicht erstrebenswert. Gärtnern macht Spaß und hält fit, vorausgesetzt die Arbeit hält sich rund ums Jahr in Grenzen.

Kakaotrinken vorm Kaminfeuer: was im Winter zu tun ist

Klar, die Kübelpflanzen müssen ins Winterquartier, der Rasen muss noch mal geschnitten werden, die Rosen brauchen Frostschutz; Stauden mit Mehltau und faulige Äpfel sollten in den Müll, das Laub auf dem Rasen sollte weg, damit er im Frühjahr nicht unter einer dicken Moderschicht verschwunden ist. Nur bitte niemals mit dem Laubsauger, denn unter der warmen Decke überwintern ebenfalls Insektchen aller Art, sie alle würden im Häckselwerk des Laubsaugers klein geschreddert und im Kompost entsorgt. Ganz abgesehen von den Nährstoffen und der Biomasse, die Sie Ihrem Garten entziehen. Auf Beeten, rund um die Himbeersträucher oder unter Hecken ist es ein prima Winterschutz und auch Schneeglöckchen mögen ein bisschen Laub als Winterdecke.

Aktionismus ist nicht nötig. Außer einem befriedigenden Gefühl für ordnungsliebende Gartenbesitzer bringt es nichts, weder dem Garten, den Pflanzen noch den wilden Tieren, die ja auch unsere Mitbewohner und Mitgärtner sind. Denen hilft ein unaufgeräumter Garten viel besser über den Winter. Statt sich einen steifen Rücken und klamme Finger zu holen, genießen Sie den Garten so lange es geht, es gibt immer noch etwas zu ernten, Feldsalat und Barbarakresse, und zu sehen sowieso. Vögel vor allem. Und wenn es friert, zaubern morgendliche Fröste ein glitzerndes Muster auf welke Blätter, und wenn es schneit, tragen Dolden und Rispen und alte Blütenstände Hauben aus Schnee.

Machen Sie es sich drinnen gemütlich, mit Tee und Kakao, und freuen Sie sich, dass Ihr Garten gut durch den Winter kommt und schon bald mit den ersten Schneeglöckchen das neue Gartenjahr einläuten wird.

Narzissen und Vergissmeinnicht: was im Frühling zu tun ist

Wenn der Frühling kommt, freuen Sie sich auf Schneeglöckchen und Co. und darauf, dass diese ihre nach dem Winter hungrigen Ameisen gut mit fetten Elaiosomen versorgen. Bald sprießen alte Bekannte und neue Gesichter überall in den Beeten und den ein oder anderen packen Sie am besten gleich am Schlafittchen und befördern ihn auf den Kompost. Zu drängelige Ausläufer werden gestutzt, wieder und wieder, und wenn Sie Neues pflanzen oder säen wollen, dann ist jetzt der Zeitpunkt für den neuen Look.

Manches hat sich geändert: Der Thymian auf dem Kiesweg zur Garage hat den feucht-kalten Winter nicht überlebt, aber die Minze fühlt sich umso wohler, treibt Triebe und hat sich reichlich versamt? Das können Sie dann so lassen, der Weg zur Garage ist immer noch grün, von Hummeln umsummt und duftend. Oder Sie können den alten Zustand wieder zurückdrehen, neuen Thymian besorgen, die Minze jäten. Wenn Sie Rosen haben, dann ist jetzt der richtige Zeitpunkt für den Schnitt und natürlich, um den Rasen zu mähen, wenn Sie keine Blumenwiese haben.

Blumenbunte Beete, insektenumsummt: was im Sommer anliegt

Im Sommer läuft es. Viel ist nicht zu tun. Sie unternehmen natürlich *nichts* gegen Ameisen und auch nicht gegen Läuse, denn alle sind auf alle angewiesen. Es ist Reifezeit, die Blüten werden zu Früchten, die Früchte zu Samen. Hier können Sie eingreifen, wenn Sie mögen. Schneiden, um die Samenverbreitung zu minimieren, bestimmte Farbstellungen zu stutzen, Samen ernten oder per Schnittgutübertragung schon mal antropochor zu verbreiten (siehe Seite 56). Das können Sie beim täglichen Rundgang erledigen, die Schere immer dabei für ein bisschen Ausputzen und Feinschliff.

Den goldenen Oktober genießen: was im Herbst zu tun ist

Auch im Herbst geht es so weiter, auch jetzt blüht noch was. Schneiden Sie am besten gar nichts runter, es kommen immer mal noch warme Tage und eine hungrige Hummel. Ja, etwas matschig erfrorene Hagebutten und Beeren und anderes Obst taugen nicht für ein Foto in den sozialen Medien. Aber: Beerentragende Sträucher wie Holunder und Hundsrose, Felsenbirne oder Eberesche sollten Sie auf keinen Fall jetzt zurückschneiden. Ihre Früchte dienen vielen Vögeln bis weit in den Winter als frische Kost. Ja, verblühte Samenstände sehen nur manchmal wirklich gut aus, dann, wenn sie Dolden bilden und nicht wie bei Sonnenblumen oder Stockrosen irgendwann an mumifizierte Aliens erinnern. Aber: Lassen Sie ein paar Sonnenblumen stehen oder liegen und auch die verblühten Samenstände von Fetter Henne, Schafgarbe, Glockenblumen, Stockrosen und Co. Sie sind gehaltvolles Vogelfutter für viele Arten. Manche Pflanzen sind Wintersteher und geben ihre Samen erst nach und nach frei, und auch wenn sie leer sind, sehen sie noch gut aus. In den hohlen Stängeln der verwelkten Blumen überwintern zudem Florfliegen, Käferchen, Spinnen und andere Insekten. Diese Winterquartiere samt Bewohnern gehören nicht auf den Kompost. All die Tiere brauchen Sie im Frühjahr wieder als kleine Helferlein, denn ohne sie wären die Blumen längst nicht so selbstständig. Irgendjemand muss ja die Arbeit machen.

Was wo am besten wächst und wandert, Standort für Standort

Solch einen Garten, wo Blumen und Insekten Hand in Hand arbeiten und Ihnen einen guten Teil der Arbeit abnehmen, in dem es rund ums Jahr grünt, blüht und lebt, den wollen Sie auch? Für den Neubaugarten, rund ums Rosenbeet, anstelle der Sandkiste, in der keiner mehr spielt? Dann geht es jetzt los. Und zwar Standort für Standort, wobei es jedes Mal so gedacht ist, dass Sie sich nicht sklavisch an die Vorschläge halten müssen. Beim Lesen gibt es ein paar Eindrücke und empfehlenswerte Pflanzen, Sie werden in Ihrer Umgebung Beispiele finden oder Ideen im Kopf haben. Für den entsprechenden Standort geeignete Blumen kommen Ihnen dann schon selber in den Sinn. Und das Endergebnis gestalten die Pflanzen dann auf ihrem Platz wirklich selbstständig. Es geht nicht darum, Pflanzpläne nachzuarbeiten und womöglich mit Dünger und Einsatz einer falsch platzierten Pflanze nachzuhelfen. Wachsen soll, was von alleine klarkommt. Auch robuste und heimische Arten kommen nicht alle gleich gut an jedem Standort klar. Schicken Sie einfach eine Mischung aus verschiedenen Arten und Sorten gleichzeitig los. Einige davon werden sich dort am meisten wohlfühlen und wenn sich die Sorten untereinander kreuzen, haben Sie vielleicht bald eine Sorte, die perfekt auf Ihren Garten eingestellt ist.

In diesem Buch werden zu den deutschen Pflanzennamen meist die botanischen Namen aufgeführt. So können Sie im Zweifel genau die richtige Pflanze kaufen, denn je nach Land, Region und Nutzung heißt jede Blume, jedes Kraut, jeder Baum anders. Für den Gewöhnlichen Löwenzahn zum Beispiel gibt es mehr als 500 verschiedene umgangssprachliche Bezeichnungen; aber nur eine botanisch korrekte: *Taraxacum officinale.* Und: Die latinisierten Namen geben Ihnen oft auch einen Hinweis, welche Pflanze wo gut hinpassen könnte. (Auch wenn manche nur den Namen ihres Entdeckers tragen oder seiner Geliebten oder seines Professors.)

Pratensis hat meist was mit Wiese zu tun, *sylvestris* oder *sylvatica* gehört zum Wald, *pallustris* ist dem Sumpf zugehörig, *aquatica* fühlt sich im Wasser wohl. *Vulgaris, officinalis* und *veris* sind gewöhnliche, offizielle, echte und damit die typischen,

◂ Mit etwas Glück kommt der Wiesenbocksbart von alleine in den Garten. Schön, wenn er bleiben darf.

einheimischen Arten, die wir ja gerne hätten. Pflänzchen mit dem Vornamen *orientalis* kommen aus dem Orient, mögen es warm und sind bei uns nicht winterhart. Alles, was das Wort *montana* oder Gebirgsnamen wie Himalaya oder Pyrenäen im Namen trägt, ist dagegen ziemlich robust und genügsam. *Reptans* ist kriechend, *erectus* aufrecht, *major* oder *giganteus* groß, *minor* oder *nana* klein, *odorata* duftend, *annua* einjährig, *biennis* zweijährig, *perennis* ausdauernd und *sempervivens* immergrün.

Ein Wort noch zum Gebrauch: In jedem der folgenden Unterkapitel stelle ich Ihnen einige Arten genauer vor und dazu gibt es noch eine Liste anderer Arten mit ähnlichen Eigenschaften. Die beschriebenen Pflanzen finden Sie noch einmal in der Liste ab Seite 149. Dort können Sie nachlesen, wie mit ihnen jeweils am besten zu verfahren ist. Am Ende haben Sie so ein Baukastensystem zusammen, das Sie auf Ihren Gartenplan (siehe Seite 52) anwenden können. Aus ihm wird sich dann in Ihrem Garten Ihre persönliche Mischung herausbilden.

Holzstämme und Steine geben Pflanzen einen Rahmen und sind wertvoller Lebensraum.

Wild und leer: am Anfang ist der Bauplatz

Ob nackte, zerwühlte Bauplatzerde, ein Dickicht aus Efeu und Dornenranken oder betonierter Hinterhof – aus jedem Zustand kann ein guter Familiengarten werden. Egal, wie groß die Fläche ist, die beplant und bewachsen werden soll. Naturgemäß kommen hier selbstständige Pflanzen zum Einsatz, die schnell sind: Einjährige von Mohn bis Ringelblume sowie Bodendeckerstauden, die schnell Teppiche bilden und auf ihre ganz eigene Verbreitungsart auch in Ecken und Winkel kommen. Trotzdem: Zeit ist dabei wichtiger als Geld. Wer gerade nichts von allem hat, lässt die nackte Erde erst mal so. Gönnt der Einöde einige Handvoll Gründünger. Lupine, Rotklee, Senfsaat oder Sonnenblumen lockern, lüften und verbessern den Boden, mit ein paar Handvoll Sommerblumen dazwischen wird es auch noch schön. Oder er teilt sich mit Blumenkübeln voller Kapuzinerkresse eine Ecke ab, zum Sitzen und Kaffeetrinken. Spendiert den Kindern Sand und Kies, dazu Eimer und Schaufeln und gestattet ihnen den Zugriff auf den Wasserschlauch.

Und plant in Ruhe. Hauptsache grün und bunt, die Natur wird es machen? Ja, aber wenn es noch keine Strukturen gibt auf Ihrem Grundstück, ist das dann ja noch lange kein Garten. Garten-Architektur ist ein weites Feld und ein ganzes Studium, dem wir uns hier in aller Ausführlichkeit nicht widmen können und wollen.

Zwei Punkte sind besonders im Hinblick auf selbstständige Pflanzen wichtig. Erstens: der Rahmen. So wie ein Bild einen Rahmen, braucht auch ein Beet oder ein Grundstück einen Halt, damit es gefällig und wohnlich wirkt. Ein Zaun oder andere Bepflanzung, eine Hecke oder ein Pflasterstreifen, all das signalisiert: Hier ist unser Reich, draußen beginnt der Wald oder die Natur oder die Wildnis oder der Großstadtdschungel. Was auch immer, das andere jedenfalls. Weil selbstständige Blumen ihre Plätze verlassen, verlassen sollen, tauschen, ist ein Rahmen besonders wichtig. Was vor dem Grundstückszaun wächst, wächst bald auch auf der anderen Seite. So wirkt es klar und doch lebendig, manchmal verwunschen; es verwischt die Grenze, aber wenn gar keine da wäre, würde es verwildert wirken, mindestens beliebig.

Das gilt auch im Kleinen, fürs einzelne Beet, ja sogar manchmal für die einzelne Pflanze. Und geht auch auf Zuruf, je nachdem, was die Blumen dieses Jahr für Pläne haben. Zum Beispiel können Sie um den kleinen Trupp Disteln auf der Wiese einen Kreis aus Steinen legen und einen Stuhl daneben stellen; und schon sieht es nicht mehr nach Unkraut aus, sondern wie ein Konzept. Das Staudenbeet schwappt irgendwie zu wischiwaschi auf den Rasen oder die Terrasse? Dann schneiden Sie ab, was stört, und stecken die anderen zurück in ihre Einfassung oder machen einen neuen Rahmen: Dazu reichen eine Bank oder auch zwei, drei Blumenkübel, richtig platziert. Schon hat das Beet oder die bunt bewachsene Kiesfläche ihren »Eingang«, schon ist optisch wieder die Grenze geschaffen. Einfach tut es auch ein Haufen Totholz oder ein kleiner Stapel Holz oder Steine. Wenn diese länger liegen bleiben, ist das sogar noch ein schöner zusätzlicher Lebensraum für die tierische Garten-WG. Den Tieren ist ein kunterbuntes Durcheinander gerade recht: Rinde, Laub, Baumstücke, Äste und Zweige oder auch Steine. Das isoliert schön und bietet alles: von kleinen Schlupfwinkeln für Spinnen und Käfer über feuchte Ecken für Molche, Frösche und Kröten bis zu größeren Höhlen für Spitzmäuse, Igel und Co.

Aber als Rahmen ist eine gewisse Ordnung nicht verkehrt: große Baumstücke zu einer kleinen Mauer geschichtet, Zweige und Reisig zu einem länglichen Haufen aus Ästen, runde Lese-Steine oder eckige Reste vom Terrassenpflaster aufgeschichtet.

Zweitens: Klare Formen und ruhige Flächen, gerade Beetbegrenzungen und Wege sind ideal, verspielte Formen sind nicht nötig. Spielen sollen die Blumen: Duftwicke, Akelei oder Fette Henne tauchen auf der anderen Gartenseite auf, das Bohnenkraut schwappt übers Hochbeet auf die Rasenfläche.

Insgesamt sind Detailkenntnisse über Wachstumsbedingungen und ökologische Prozesse nicht zwingend erforderlich. Bei dieser Art der Gartengestaltung ist auch keine vollständige Planung des Gartens im Voraus nötig im Sinne von Pflanzlisten mit abgezählten Exemplaren und genau nach Standort, Farbe und Blütenform entworfenen Lageplänen. Blickachsen ergeben sich mit der Zeit. Einfach weil es schön wäre, auch vom Küchenfenster schon Schneeglöckchen zu sehen und dann später Akelei und Stockrose, und Sie einfach wie nebenbei ein paar dort ansiedeln werden. Auch Wege werden entstehen, und sei es nur ein Trampelpfad durchs Staudenbeet, weil die Kinder auf dem Weg zu den Beerensträuchern keinen Umweg nehmen wollen. Der sich dann aber, wenn Sie ihn lassen, an den Trittstellen mit Kräutern füllt, die das Getrappel aushalten, während sich Gilbweiderich, Frauenmantel und Glockenblume von diesen Stellen lädiert zurückziehen und gerade so eine tolle Begrenzung bilden – und eben den Weg. Oder: Wer sich jeden Sonnen-Sonntag eine freie Stelle in die Wiese mäht, um dort die Liege für den Mittagsschlaf aufzustellen, bietet auch seinen Augen jeden Sonntag neue Strukturen, bietet Einblicke und Ausblicke, und das wie nebenbei. Wenn Sie nach ein paar Wochen merken, dass es fast immer die Stelle zwischen Schuppen und Holunderbaum ist, dann ist es vielleicht genau die richtige, um dort eine als Sitzplatz gestaltete Fläche anzulegen.

Wer sich das nicht zutraut oder die Geduld nicht aufbringt, sich zusammen mit seinem Garten zu entwickeln, sollte das Geld in einen Profigartenplaner investieren. Jemand, der sich mit Architektur und Raumwahrnehmung auskennt, mit Terrassengrößen und Garten-Ästhetik, mit Naturgärten und einheimischen Pflanzen, sodass neben Grün und Blüten auch so etwas wie Wohnwert entsteht, statt Plätzen, auf denen niemand sitzt, oder Wegen, die niemand benutzt. Jemand, der Ihnen nicht einen topmodernen Schöner-Wohnen-Kies-Gras-Teich-pflegeleicht-Entwurf in den Garten plant, sondern der sich mit Ihnen, Ihren Möglichkeiten und Wünschen auseinandersetzt, nachfragt: Warum soll es Kies sein? Mögen Sie einfach Steine? Geht es um hauptsächlich pflegeleicht? Oder weil es gerade Mode ist? Und dann sucht er mit Ihnen Alternativen, wie zum Beispiel bodendeckende Stauden oder eben den richtigen Kies aus, der von Form und Farbe mit dem Haus harmoniert und in dem die passenden Pflanzen wachsen können, damit es immer noch nach Garten aussieht und nicht nach toter Einöde.

Das Geld ist gut investiert. Und: Die eigentliche Bepflanzung kostet dann ja nicht mehr als ein Starter-Set an selbstständigen Pflanzen. Einiges werden Sie vielleicht auch von anderen Gartenbesitzern geschenkt bekommen. Und wenn Sie sich von diesen netten Menschen etwas wünschen dürfen, dann sollten die folgenden Pflanzen dabei sein, das Standardpaket für jeden Garten sozusagen:

Das **Acker-Vergissmeinnicht** *(Myosotis arvensis)* bzw. das **Wald-Vergissmeinnicht** *(Myosotis sylvatica)* oder auch das **Kaukasus-Vergissmeinnicht** *(Brunnera macrophylla)* blühen frühlingsfrisch vergissmeinnichtblau, erhalten und verbreiten sich durch Selbstaussaat, ohne lästig zu werden.

Akelei *(Aquilegia)* gibt es in zahlreichen Farben, Arten, Sorten und Varianten und in fast jedem Garten. Am besten sind die Vertreter mit ungefüllten Blüten, für die Hummeln und Bienen, aber auch fürs »Verwildern«. Haben die Akeleien einen Standort gefunden, an dem sie sich wohlfühlen, bilden sie reichlich Samen für neue Nachkommen. Wind- und tierverstreut, suchen sie auch immer mal wieder neue Wuchsplätze, bis hin zu Mauern und Fugen. Ob als Solitär oder ganze Wiese, sie wirken immer.

Dreimasterblumen *(Tradescantia × andersoniana)* sind bescheiden und schattenverträglich, sie versamen reichlich und gerne selbst, die lila Ur-Variante allerdings deutlich besser als weiße, rosa oder gemischte Sorten. Lenken und bremsen Sie die einen dann durch Schnitt nach der Blüte, helfen Sie den anderen nach, indem Sie Pflanzen teilen, nachdem sie gut angewachsen sind, sodass sie von noch mehr Standorten im Garten loslaufen können, um schöne Plätze zu finden.

Erdrauch *(Fumaria officinalis)* kommt mit etwas Glück und Pflanzen in der Nachbarschaft von alleine, sonst unbedingt säen oder pflanzen: Er keimt spät, aber dann idealerweise in all den Lücken, die der Sommer so hinterlässt, weil die eine oder andere Blume ihren Lebenszyklus schon beendet hat. So blüht und grünt es auch im Herbst noch mal. Wo er stört, ziehen Sie ihn raus, lassen Sie aber in jedem Fall ein paar Pflanzen stehen und fruchten, fürs nächste Jahr. Die Samen werden vom Regen weggeschwemmt und von Ameisen durch den Garten und auch Mauern hoch getragen. Sie bleiben viele Jahre lang keimfähig.

Gedenkemein *(Omphalodes verna)* blüht im zeitigen Frühjahr, noch vor dem Vergissmeinnicht, in Blau oder Weiß. Es behält lange noch grüne Blätter und vermehrt sich über Ausläufer und Samen zuverlässig, ohne dass Sie sich kümmern müssten, um es zu päppeln, oder dass es lästig würde; es bildet teppichartige Bestände, lässt sich dabei auch von sich breitmachenden Gehölzwurzeln nicht beirren und wenn Sie nachhelfen wollen, lässt es sich gut durch Teilung vermehren. An feuchten Standorten fühlt sich der Frühjahrsblüher besonders wohl.

Kriechender Günsel *(Ajuga reptans)* gilt oft als Un-Kraut, ich finde ihn den perfekten Bodendecker für kleine schattige Ecken. Er bildet Rosette um Rosette und bald einen ganzen Teppich. Im Mai treibt er lilablaue Blütenkerzen und er hält auch unter dem Kletterbaum oder an anderen eher strapaziösen Orten die Stellung. Spezielle Zierpflanzen würde man dort wohl kaum hinsetzen, aber Unkraut vergeht nicht.

Gilbweiderich *(Lysimachia punctata)* mag es sonnig oder schattig und nicht zu trocken. Wer sich die Arbeit macht, ihn zurückzuschneiden, am besten regelmäßig, aber zeitversetzt immer nur an ein paar Stellen, hat die kleinen sonnig gelben Blütenquirle von Mai bis September durchgehend im Garten. Die Insekten-Mitbewohner werden entzückt sein. Um ihn an den Start zu bringen, reichen ein paar Wurzelstücke, von denen Sie immer wieder etwas abzwacken und einsetzen können, wenn es gilt, eine große Fläche zu besetzen. Mit den unterirdischen Ausläufern kommt er schnell recht weit herum und findet auch die ein oder andere malerische Lücke. Die dekorative Staude verwandelt »Schmutzecken« zwischen Schuppen und Zaun in Blumenbeete und lässt sich auch durch Baumwurzeln nicht von seiner Lebensfreude abhalten. Spitzt er aus der Erde, wo er nicht soll: abschneiden. Wenn Sie ihn großflächig loswerden wollen, vielleicht, weil Sie an einer Stelle im Garten andere Pläne haben: ausstechen und Nachkommendes immer wieder abschneiden. Wenn dann auch noch etwas anderes dort wächst, akzeptiert er die Entscheidung bald.

Lampionblume *(Physalis alkekengi)* gedeiht in fast jedem Gartenboden. Sie sollte es aber nicht zu nährstoffreich haben, denn dann setzt sie viele große Blätter an, aber kaum Blüten. Diese sind zwar erst unscheinbar und weiß, verwandeln sich aber im Spätsommer in die papierdünnen orangen Fruchthüllen, die ihnen den Namen gegeben haben. Die Lampions leuchten bis in den Winter oder verwittern mit der Zeit zu kleinen Schmuckstücken, wenn nur noch das goldene Blattadergerüst übrig bleibt und die rote Beere umschließt wie ein filigranes Drahtkunstwerk eine Perle. Auch vorher kann man für Herbststräuße oder zum Basteln reichlich Früchte ernten. Denn auf die Frucht sind die Lampionblumen nicht angewiesen, sie verbreiten sich recht flink selber über Ausläufer überall dort hin, wo es ihnen gefällt. Bei wenig Platz und

Stockrose

Kriechender Günsel

Storchschnabel

Dreimasterblume

Wald-Erdbeere

Lampionblume

zierlichen Mitbewohnern können sie anstrengend werden. Aber für große Flächen, abgelegene, schwierige Ecken oder im Zusammenspiel mit anderen Starkwüchsigen wie Beinwell und Gilbweiderich bilden sie ein Dreamteam. Auch hier reichen ein paar Wurzelstücke und ein bisschen Geduld, denn sie brauchen zwei, drei Jahre, bis sie sich so wohnlich eingerichtet haben. Bremsen können Sie am leichtesten, wenn Sie immer wieder dort schneiden, wo sie nicht hin sollen, aber ihre grünen Triebe aus der Erde strecken. Und auch unterirdisch einfach mal einen Flecken rausnehmen, wenn sie zu drängelig werden. Sehr schüchterne Nachbarblumen bekommen am besten eine Wurzelsperre als Schutz vor den ungeduldigen Lampionblumen-Ausläufern.

Mutterkraut *(Tanacetum parthenium)* mag es sonnig bis schattig, feucht und auch trocken, wächst auf lockerem, offenem Boden, aber auch in Fugen und Mauern, wenn es Substrat für die Wurzeln findet – wie ein Unkraut, als das es landläufig ja auch gilt. Die kleinen weißen Strahlenblüten ähneln der Kamille und passen zu fast jeder anderen Blume im Garten. Es erhält sich fleißig und unaufdringlich durch Selbstaussaat und blüht dann den ganzen Sommer und jedes Jahr wieder. Um die Bepflanzung schwierig zu begrünender Lücken muss man sich dann keine Sorgen mehr machen.

Stockrose *(Alcea rosea)* setzt im Blumenbeet optische Akzente durch ihren hohen Stiel, die großen Blätter und die dicken, verschiedenfarbigen Blüten. Einmal da, kommt sie oft wieder und vermehrt sich von alleine. Ihre malerischen Plätze in Fugen oder entlang von Zäunen oder Mauern sucht sie sich am liebsten und am besten selbst. Wo sie stört, einfach herausziehen, aber das wird vermutlich selten passieren. Die Pflanze setzt auf ihre schönen Blüten und den unwiderstehlichen Charme. So erobert sie nach und nach durch Selbstaussaat die Flächen rund ums Haus.

Das **Schmuckkörbchen,** auch oft unter ihrem botanischen Namen *Cosmea (bipinnatus)* gebraucht, ist eine leicht auszusäende Blume, die schon im ersten Sommer einen ganzen Garten erblühen lassen kann. Sie braucht Licht und Luft zum Keimen, weswegen sie sich nach und nach, wenn mehr Stauden und Bodendecker wachsen, in den Hintergrund zurückziehen wird. Aber aus den Samen wird sie immer mal wieder ein paar Pflanzen losschicken. Wenn Sie mehr haben wollen, regelmäßig säen; wo sie zu viel ist, einfach jäten.

Storchschnabel *(Geranium)* gibt es in sooo vielen Arten und Sorten, von denen die meisten überall gut wachsen und gedeihen. Aber auch für die meisten Spezialstandorte findet sich noch der Spezialstorchschnabel. Am einfachsten ist es, wenn Sie sich eine Mannschaft zusammenstellen, wo immer Sie Pflanzen (Teilstück reicht!) oder Samen herbekommen, und dann im Garten loslaufen lassen. Dabei sein sollten durchaus die gängigen wie Kaukasus-Storchschnabel *(Geranium renardii),* Wald-Storchschnabel *(Geranium sylvaticum),* Sumpf-Storchschnabel *(Geranium palustre),* Himalaya-Storchschnabel *(Geranium himalayense),* Pyrenäen-Storchschnabel *(Geranium pyrenaicum)* oder Wiesen-Storchschnabel *(Geranium pratense),* aber vielleicht auch exklusive wie der Pracht-Storchschnabel *(Geranium ibericum* 'Vital'*),* dem nachgesagt wird, dass er es sogar mit Giersch aufnimmt. Wem es gut gefällt, der wird sich ausbreiten, manche werden vielleicht nur Nischen bewachsen und andere gar nicht glücklich sein und in Ihrem Garten nicht heimisch werden. Aber die, die dann da sind und bleiben, passen genau dorthin.

Samen des Storchschnabels vor dem Abflug

Wald-Erdbeere *(Fragari vesca)* wäre meine Wahl, wenn ich in meinen Garten nur eine Pflanzenart setzen dürfte. Sie hat grüne Blätter, sogar mit rot-gelb-orangener Herbstfärbung, blüht den ganzen Sommer über mit kleinen weißen Blüten, die roten Beeren kommen ebenfalls laufend und sind optisch und auch geschmacklich ein Genuss. Sie erfreut damit Vögel und Co., auch Ameisen, weswegen sie – zoochor – schnell weit herumkommt. Aber auch die einzelne Pflanze bildet über Ausläufer zügig einen luftigen Teppich. Dort, wo schon viele Plätze besetzt sind, fädelt sie sich mit ihren dünnen Trieben in die kleinste Lücke und blüht und fruchtet dann auch zwischen Blumen und Gemüse. Wem es zu viel wird: abschneiden, heraushacken, Blätter trocknen und als Erdbeertee genießen.

Mit all diesen Pflanzen kommt man schon mal recht weit. Und für noch mehr grüne Selbstständigkeit suchen Sie sich aus den anderen Kapiteln oder aus der Liste ab Seite 149 zusammen, was passt und gefällt.

Heiß, hell und trocken: Sonnen-Standorte

Vollsonnig heißt das Fachwort. Aber Sonne ist nicht gleich Sonne, ein Südgarten nicht gleich Südgarten. Es ist ein anderer Standort, wenn die Sonne voll auf einen leichten Sandboden scheint oder auf einen fetten Lehmboden oder eher auf ein Grundstück mit hohem Grundwasserspiegel. Und wer sich seinen Garten genau anschaut, wird sehen, dass es noch viel mehr unterschiedliche sonnige Bereiche gibt. Stellen, auf die weiße Mauern oder Metalldächer Licht spiegeln oder solche, wo nur mittags die Sonne hinscheint, aber dann richtig. Und dann gibt es immer noch Jahre, in denen es die Sonne im Sommer einfach nicht so vollsonnig werden lässt, wie die Pflanzen es gerne hätten.

Mit selbstständigen Pflanzen ist das keine große Sache. Sie verzeihen dem Gärtner, wenn er den Standort nicht perfekt bestimmt hat, weil sie nicht besonders zimperlich sind oder eben mit Ausläufern und Samen dahin wandern, wo es ihnen besser gefällt. Probieren Sie einfach aus, was Sie mögen, nicht alles wird bleiben, wachsen und gedeihen. Rasch kristallisieren sich ein paar Arten heraus, die sich auf Ihrem Grundstück mit seiner ganz individuellen Sonnigkeit ihre Lieblingsnischen suchen. Bei den Allroundern von Seite 73 sind sicher welche mit dabei.

Oft haben typische Sonnenanbeter auch typische Merkmale, wie dicke, feste oder haarige Blätter. Oder sehr kleines, fast nadeliges Blattwerk oder einen Filzüberzug auf ihrem Grün, wie die Katzenminze *(Nepeta cataria):* Einmal gepflanzt – oder auch gesät – erhält sie sich mit reichen Samen zuverlässig selbst. Sie blüht lilablau und heißt so, weil manche Katzen ganz verrückt nach ihr sind.

Andere Arten tragen den Hinweis auf ihren Lieblingsstandort im Namen: Sonnenaugen (Heliopsis-Arten), die robust und ziemlich ortsfest den ganzen Sommer bis in den Herbst blühen. Sonnenhüte, wie *Rudbeckia* oder *Echinacea,* die es auch in Purpur- und Rottönen gibt und mit ihren Blütenhüten den ganzen Sommer lang Schmetterlinge und viele andere Insekten verköstigen. Oder Stauden-Sonnenblumen (Helianthus-Arten), die es in Hellgelb bis Sattgelb-Orange gibt, von klein bis groß, zartblütig und pomponartig gefüllt. Sie sind frosthart und vermehren sich langsam, aber stetig durch unterirdische Wurzelvermehrung. Durch Teilung kann man das beschleunigen, durch Wegnahme bremsen. Die meisten sind tolle Vasenblumen. Schneiden lässt neue Seitentriebe und noch mehr Blüten wachsen und verhindert gleichzeitig weitere Vermehrung durch Selbstaussaat, falls nicht gewünscht.

Ein eher kleines Sonnenpflänzchen ist die Schmalblättrige Studentenblume *(Tagetes tenuifolia),* mit tiefen Wurzeln gut an Hitze und Trockenheit angepasst. Mit ihren feingliedrigen Blättern und ungefüllten, duftenden Blüten ziert sie den Garten bis in den Herbst hinein. Nicht winterhart zwar, aber reichlich samenbildend. Sammeln und säen oder mit dem Schnittgut mulchen, dann kommt sie fast von alleine wieder.

In ungefüllten Blüten finden Insekten leichter Nahrung.

Sonnig liebt es auch das Löwenmäulchen, das gängige Große *(Antirrhinum majus)* und besonders das Iberische *(Antirrhinum braun-blanquetii)*. Ein durchlässiger, trockener Boden dazu, und es blüht von Anfang Juni bis in den Herbst vor sich hin und sät sich dabei reichlich selbst aus. Ein paar Intitialpflanzen reichen, bald wächst es überall dort, wo es ihm gefällt. Wo es lästig wird, zieht man es raus; das geht leicht, trotz der langen Wurzel, mit der es auch an kargen Standorten wie in Fugen und Kiesbeeten zuverlässig an Wasser kommt.

Und natürlich: Mohn, die Sommersonnenblume par excellence, im kollektiven Gedächtnis verankert und in berühmten Gemälden verewigt. Und es gibt noch viel mehr als den Klatschmohn *(Papaver rhoeas)*, der einmal gesät, immer wiederkommt und sich versamt, so lange er offene Stellen zum Keimen findet. Den hellroten Saatmohn *(Papaver dubium)* beispielsweise, der sich außerdem in der Kapselform unterscheidet, sie sind länglicher und kleiner. Die beiden sind zusammen ein tolles Team.

Der Islandmohn *(Papaver nudicaule)* ist recht klein, hat aber noch mehr Farben zu bieten, von Gelb bis zu verschiedenen pastelligen Rot- und Orangetönen. Auch er versamt sich und erhält sich selbst. *Eschscholzia californica*, der Kalifornische Goldmohn, ist der fünfte im Bunde. Er blüht so, wie er heißt: goldgelb. Und ist auch gut für Steingärten zu haben. Wie alle anderen Mohnblumen auch, braucht er Licht zum Keimen. Dann erhält er sich selbst und wo er lästig wird, zieht man ihn einfach heraus. Das gilt für alle diese Mohnartigen: Sobald sich der neue Keimling mit den typischen gezackelten Blättern als Mohn-Kind zu erkennen gegeben hat, einfach rausziehen, wenn es zu viel wird.

Mohn, hier mal in leuchtendem Gelb, braucht offenen Boden und Licht zum Keimen.

Wem es noch zu wenig ist: Auch an schattigen Stellen lässt sich Mohn ansiedeln: Der Wald-Scheinmohn *(Meconopsis cambrica)* blüht gelb und wandert in kleinen Trupps durch den Garten, taucht Jahr für Jahr mal hier, mal da auf.

Und dann gibt es ja noch den Schlafmohn *(Papaver somniferum)*, aus dem Mohnsamen für Kuchen gewonnen werden und aus dessen unreifer Kapsel Milchsaft gezapft und zu Opium getrocknet werden kann. Er blüht purpurviolett, sein Anbau ist in Deutschland genehmigungspflichtig, in Österreich und in der Schweiz gestattet.

Selbstständig in der Sonne sind auch:

- Färberkamille *(Anthemis tinctoria)*
- Großer Wiesenknopf *(Sanguisorba officinalis)*
- Hoher Staudenphlox *(Phlox paniculata)* oder Großblattphlox *(P. amplifolia)*
- Mediterrane Kräuter, wie Lavendel, Rosmarin, Salbei und andere Salbeiarten, Thymianarten und Bohnenkraut (nicht alle hundertprozentig winterhart)
- Schafgarbe *(Achillea millefolium)*
- Storchschnabel aller Art *(Geranium)*
- Wegmalve *(Malva neglecta)*
- Wilde Malve *(Malva sylvestris)*

Kühl und dunkel: Attraktives für den Schatten

Im Norden, hinterm Schuppen, unterm Dachüberstand, unter Bäumen und Sträuchern – es gibt in jedem Garten schattige Plätze, nicht nur im klassischen Nordgarten oder dicht von Bäumen oder anderen Häusern umrahmten Grundstück. Auch Schatten wird von Gartenfachleuten säuberlich eingeteilt: Halbschatten, lichter Schatten, Vollschatten … Wer mit offenen Augen durch seinen Garten und durchs Gartenjahr geht, der wird feststellen, dass es unglaublich viele verschiedene Arten von Schatten gibt. Und halbschattig – ist das das, wenn ein kleiner Teil des Tages die Sonne scheint, sonst aber Schatten herrscht? Oder wenn den ganzen Tag diffuses Licht da ist, wie im Schatten von Bäumen? Ist Nachmittagssonne anders zu handhaben als Morgensonne? Und dann gibt es noch ganz komplizierte Stellen wie meine Terrasse, die im Winter durch die umliegenden Häuser im Vollschatten liegt und von November bis Anfang Februar keinen einzigen direkten Sonnenstrahl bekommt, selbst bei schönstem Winterwetter. Im Sommer aber steht die Sonne hoch und brennt ihr stundenlang Hitze auf die Platten, von vormittags bis zum Feierabend. Was will dort wachsen?

Ein Spezialfall, der sich gut gestalten lässt, ist Laubbaum-Schatten. Wie im Wald, ist es den Winter und Frühling über noch hell und warm, bevor es schattig wird und eher feucht und kühl: der ideale Standort für Frühlingsblüher von Schneeglöckchen bis Osterglocken und natürlich auch für allen anderen typischen Laubwaldunterwuchs. Das Buschwindröschen *(Anemone nemorosa)* zum Beispiel, das ein weitverzweigtes unterirdisches Wurzelsystem durch den Boden zieht, wenn es ihm irgendwo gefällt. Bevor es grüne Blätter treibt, blüht es bereits. Die Samen sind schwer, ziehen den Stängel zu Boden, von da sammeln es dann die Ameisen ein, scharf aufs Elaiosom (siehe Seite 26), und helfen zusätzlich bei der Verbreitung. Die Samen bleiben liegen bis zum Winter, denn zum Keimen brauchen sie Frost und Licht.

Auch das Leberblümchen *(Hepatica nobilis)* bildet an den Früchten seiner blauen Blüten Elaiosome, ebenso Blausterne *(Scilla bifolia)*. So kommen beide im Garten dank der Ameisen voran und bleiben, wo es ihnen gut gefällt.

Bärlauch *(Allium ursinum)* kommt ein bisschen später im Frühjahr. Kaum dass er die ersten Blätter getrieben hat, blüht er auch schon. Alles an ihm ist essbar und lecker, damit er sich erhält und vermehrt, ernten Sie pro Pflanze nicht alle Blätter und lassen auch ein paar Blüten stehen, damit er Samen und Brutzwiebeln bildet. Wenn es ihm erst mal gefällt und er angefangen hat, zu laufen, darf es dann etwas öfter Bärlauchpesto geben. Im Juni ist die Pflanze komplett verschwunden und im Winterschlaf. Typischer Knoblauchgeruch hilft, ihn vom giftigen Maiglöckchen zu unterscheiden.

Den meisten Frühblühern gefällt es übrigens auch im Staudenbeet; ob sie im Sommer Gehölz-, Blumenschatten oder gar keinen Schatten haben, ist eigentlich egal. Entscheidend für ihren Lebenszyklus ist die Sonne im Winter und im Frühling.

Nach dem Bärlauch kommt noch der Waldmeister *(Galium odoratum)*, er vermehrt sich behände durch Ausläufer, und wo es ihm gefällt, zeigt er Anfang Mai jedes Jahr mehr von seinen grünen Blattquirlen und den zart darüber schwebenden Blüten.

Dann kommt der Sommer und das Laub, die Zwiebelpflanzen ziehen ein: Die Blätter vergilben und vertrocknen, weil die Wurzel alle Nährstoffe aus den Blättern in die Knolle zurückholt, um sie dort bis zum Austrieb im nächsten Frühjahr zu speichern. Oberirdisch sieht man dann von den Frühlingsblumen den ganzen Sommer nichts mehr (siehe Seite 120).

Aber was wächst denn dann bis zum nächsten Jahr? Oder auf Schattenstellen, die nie, auch nicht im Frühling, Licht bekommen?

Bergenien zum Beispiel, auch Wickelwurzen genannt, sind immergrün und ausdauernd. Sie vermehren sich mit ihren dicken, knapp unter der Erde wachsenden Rhizomen eigentlich an jedem Standort zu ansehnlichen Beständen und blühen an dicken Stängeln in Dolden voller rosa-roter Glöckchen.

Oder die weiß blühende Dreiblattspiere *(Gillenia trifoliata)*, eine eher buschige Staude mit ansehnlichem rötlichen Laub. Oder Haselwurz *(Asarum europaeum)*, auch Hasenohr oder Hasenpappel genannt. Der Name passt, es ist ein zwar nicht direkt wie ein Häschen, aber doch irgendwie herzig aussehender Bodendecker, das sich mit dünnen kriechenden Ausläufern Frühling für Frühling weiterverbreitet. Teilt man die Wurzeln und setzt sie neu ein, kann man die recht langsame Ausbreitung beschleunigen.

Ein bisschen flinker sind das Große und das Kleine Immergrün *(Vinca major* oder *minor)*, sie wachsen am Waldboden und in Gärten, blühen lila und bilden feine, bis zu zwei Meter lange Ranken. Allerdings machen dem Immergrün die immer mal wieder vorkommenden nasskalten Winter zu schaffen, so hält es sich dann doch wie von selbst im Zaum. Wenn es doch zu viel wird, können die Ranken einfach abgeschnitten werden. Der robuste Großblütige Beinwell *(Symphytum grandiflorum)* schafft es mit seinen Wurzelstöcken sogar, Nadelholzschatten in Grün zu verwandeln, groß und breit, kräftig und robust wie er ist. An solchen und anderen Stellen, wo sonst nichts wächst, ist er perfekt. Ansonsten sollte man sich gut überlegen, wo man ihn haben möchte. Einmal da, bleibt er nämlich und sucht auch gerne neue Plätze.

Und wenn es zudem noch ein bisschen feucht ist, passt immer auch ein Farn. Der Gewöhnliche Tüpfelfarn *(Polypodium vulgare)* zum Beispiel. Wintergrün und mehrjährig, verbreitet er sich über Wurzelausläufer und über Sporen (nicht Samen), die an den Unterseiten der ledrigen dunkelgrünen Blätter in runden Tüpfeln gut zu erkennen sind. Ein großer Unterschied zu der Samenverbreitung ist es aber nicht, der Wind kommt und verbreitet sie, auf zum nächsten Wuchsort. Und beim sehr unkomplizierten lichten Schatten müssen Sie gar nicht groß planen, dort werden Akeleien und alle Allrounder-Arten gerne Quartier nehmen.

Auch meiner Terrasse haben sich die Pflanzen mittlerweile angenommen; sie hat sich entschieden, im Winter Moos anzusetzen, das mit ein bisschen Tau oder Raureif wunderschön aussieht. Im Sommer keimt der Hornfrüchtige Sauerklee *(Oxalis corniculata)* aus den Fugen, zieht Strippen voller kleiner Blätter und Blüten, egal, wie oft wir ihm auf dem Kopf herumtrampeln.

Was auch noch Schatten mag:

- Brauner Streifenfarn *(Asplenium trichomanes)*
- Frühlings-Gedenkemein *(Omphalodes verna)*
- Gelber Lerchensporn *(Pseudofumaria lutea)*
- Hexenkraut *(Circaea lutetiana)*
- Lungenkraut *(Pulmonaria officinalis)*
- Mauerraute *(Asplenium ruta-muraria)*
- Mondviole *(Lunaria annua)*
- Mutterkraut *(Tanacetum parthenium)*
- Nachtviole *(Hesperis matronalis)*
- Roter Fingerhut *(Digitalis purpurea)*

Das Hexenkraut verbreitet sich durch Früchte, die Widerhaken haben, und Ausläufer.

Nur abends Zeit: den Feierabend zum Erlebnis machen

Alle Kinder im Bett, alles im Job und Haushalt erledigt – endlich Zeit, auf der Terrasse zu sitzen und den Feierabend im Garten zu genießen. Die Sonne ist dann aber oft schon weg, manchmal ist es auch schon dunkel. Die bunte Pracht der Stauden, die man mit so viel Einsatz gepflanzt und gepflegt hat: von der Dunkelheit verschluckt. Und auch am Wochenende ist bei vielen so viel los, dass der Garten bei Tageslicht unbeachtet vor sich hinblüht und es für die Menschen fast egal ist, ob man einen sonnigen oder schattigen Standort hat. Nachts sind alle Pflanzen grau, und die Blümelein sie schlafen. Ja, aber nicht alle, manche haben auch im Dunkeln ihre Qualitäten und richtig unansehnlich sind sie tagsüber natürlich auch nicht.

Wir gestressten modernen Menschen sind nicht die einzigen nachtaktiven Lebewesen. Auch jede Menge Insekten sind nachts unterwegs und haben sich dort in ihren Nischen eingerichtet. Viele Blumen blühen deshalb oft hell – leuchten wie kleine Lichter –, damit den suchenden Insekten die Navigation beim Landeanflug erleichtert wird. Weiß ist keine Farbe, das haben wir alle in der Schule gelernt, sondern ein Gemisch aus allen Einzelfarben – wie das Sonnenlicht. Weiße Blüten leuchten deshalb auch noch im fast Stockdunklen wie kleine Sterne, das Schleierkraut *(Gypsophila paniculata)* zum Beispiel. Wie Sternchen-Wolken schweben die weißen Blüten über dem Einheitsgrau der andern Stauden. Sie strahlen durch die Nächte, besonders wenn der Mond scheint, und halten auch im Regen optisch die Stellung. Die Blüten ziehen sich am nächsten Morgen diskret wieder in den Hintergrund zurück. Als Begleitstaude bietet sie den bunten Stars des Tages eine schöne Kulisse – und das von Juli bis September.

Von beinahe jeder bunt blühenden Pflanze gibt es mittlerweile weiße Züchtungen. Akelei und Dreimasterblume, Stockrose und Phlox, Glockenblume und Storchschnabel beispielsweise. Allerdings sind die ursprünglichen roten oder lila Sorten etwas vermehrungsfreudiger. Haben Sie auch bunt blühende Varianten im Beet, sollten Sie vor dem Versamen eingreifen und diese stutzen, um die weißen Nachtblumen zu fördern.

Ganz einfach und wirklich sehr selbstständig ist die Weiße Taubnessel *(Lamium album)*. Einmal an halbschattige, nicht zu trockene Bereiche gesetzt, breitet sie sich langsam flächig aus, ohne zu wuchern oder lästig zu werden, und leuchtet aus dem Hintergrund in den Garten. Auch ihr hell-silbriges Laub ist abendtauglich. Es verstärkt das Restlicht, Blätter und Stängel leuchten wie magisch durch die graue Dämmerung. Das ist bei allen Pflanzen mit hellem, filzigem, silbrigem oder weißgrünem Laub so. Bei vielen mediterranen Kräutern zum Beispiel.

Mit Lavendel und Co. duftet es dann auch noch wunderbar, beinahe mehr als am hellen Tag – so kommt es einem manchmal vor. Das stimmt sogar. Erstens tritt unser Sehsinn im Dunkeln zurück, Hören und Riechen werden dafür intensiver. Und: Es gibt Pflanzen, die erst dann aufblühen, wenn es Nacht wird, wie die duftenden,

Bücken, sehen und staunen: Blüte der Weißen Taubnessel in Nahaufnahme.

leuchtend gelben Blüten der Nachtkerze *(Oenothera biennis),* um mit ihrem extra Duft potentielle Bestäuber auf Nektarsuche anzulocken. Die Nachtkerze ist in der Regel zweijährig, stammt aus Nordamerika und ist mittlerweile bei uns heimisch und üblich, in typischen Bauerngärtern oder im Kräutergarten. In jeder Blüte reifen viele, viele und sehr leichte Samen, die mit dem Wind von Garten zu Garten fliegen und immer wieder auftauchen, wo es ihnen gefällt. Es schadet daher nicht, sie ein wenig im Auge zu behalten.

Schwer, süß und regelrecht betörend riecht die Nachtviole *(Hesperis matronalis),* auch sie ist eher kurzlebig, sät sich aber, einmal da, tier- und windverbreitet immer wieder selber aus. Sie ist nicht nur für Nektar und Pollen zu haben, sondern auch bei vielen Schmetterlings-Raupen als Futterpflanze hoch im Kurs.

Zart nach Nelke riecht das Gewöhnliche Seifenkraut *(Saponaria officinalis),* eine sehr pflegeleichte heimische Wildstaude, die sich über Wurzelausläufer recht lauffreudig verbreitet und auch nicht mit Samen geizt. Schneiden, schneiden, schneiden, wo es zu viel wird, hilft gut; und andererseits reicht ein kleines Wurzelstück, um diese Pflanze in großem Stil in den Garten zu holen. Etwas kleiner und zahmer ist das Kleinen Seifenkraut *(Saponaria ocymoides),* das es auch als weiß blühende Sorte ('Snow Tip') gibt.

Wer dazu noch Blüten hat in Gelb, Orange oder Rot (wie Taglilien, Sonnenbraut, Ringelblume und Studentenblume), kann vor der Dämmerung auch schon den Sonnenuntergang so richtig genießen, fängt und spiegelt sich auf ihnen doch das warme Licht der untergehenden Sonne.

Wenn dann nach dem Sonnenuntergang die berühmte blaue Stunde kommt, das diffuse Licht der Dämmerung, und die meisten Farben verblassen, dann haben blaue Blüten wie Glockenblumen, Rittersporn, Lein oder Katzenminze ihren großen Auftritt: Sie scheinen geradezu von innen zu leuchten.

Selbstständige Abend- und Nachtpflanzen für den Sonnenuntergang:

- Rainfarn *(Tanecetum vulgare)*
- Ringelblume *(Calendula arvensis)*
- Schmalblättrige Studentenblume *(Tagetes tenuifolia)*
- Sonnenauge *(Heliopsis helianthoides)*
- Sonnenhut *(Rudbeckia fulgida)*

Leuchtende selbstständige Abend- und Nachtpflanzen:

- Glockenblumen (Campanula-Arten, weiße und zartblaue Sorten)
- Margeriten *(Leucanthemum)*
- Schafgarbe *(Achillea millefolium)*
- Hoher Staudenphlox *(Phlox paniculata)* oder Großblattphlox *(Phlox amplifolia)*
- Wollziest *(Stachys byzantina)*

Duftende selbstständige Abend- und Nachtpflanzen:

- Bohnenkraut *(Satureja hortensis)* und Bergbohnenkraut *(Satureja montana)*
- Lavendel *(Lavandula angustifolia)*
- Römische Kamille *(Chamaemelum nobile)*
- Salbei (Salvia-Arten)
- Thymian (Thymus-Arten)

Feucht, feuchter, Gartenteich: Pflanzen mit nassen Füßen

Ein Gartenteich ist für viele ein Traum. Allerdings in den meisten Fällen ein doch eher künstlicher Lebensraum, kein Selbstläufer, der vom Ausbuddeln bis zum regelmäßigen Saubermachen viel Arbeit macht. Wichtig ist dafür ein möglichst naturnaher Teich. Wenn Sie ihn neu anlegen möchten, finden Sie viele Beispiele, Bücher, Internetseiten, lassen Sie sich am besten kompetent beraten. Wählen Sie selbstständige Blumen als Bepflanzung, haben Sie sich immerhin schon einen Teil der Pflegearbeit erledigt.

Die meisten Teichpflanzen sind keine expliziten Wasserpflanzen. Sie kommen gut klar, wenn ihnen das Wasser bis zu den Blättern steht, fühlen sich aber auch wohl, wenn sie nur nasse Füße haben. Oft gibt es von gängigen Gartenblumen eine Sumpf-Variante, diese erkennen Sie an der lateinischen Bezeichnung *aquatica* oder *palustris:* das Sumpf-Vergissmeinnicht *(Myosotis palustris)* zum Beispiel, das wirklich nur wenige Zentimeter Wasser um die Füße haben kann, dann aber wie die normalen Gartengeschwister selbstständig ausbreitungsfreudig ist. Oder die Wasser-Minze *(Mentha aquatica),* die in bis zu rund 30 Zentimeter Wassertiefe wächst und gedeiht, rosa-violett blüht und herrlich duftet, wie ihre Schwestern im Kräuterbeet. Sie vermehrt sich – typisch Minze – über unter- und oberirdische Ausläufer. Sollen die Nachkommen weiter verreisen, nutzen die Samen den Wasserweg.

Und natürlich, der Klassiker: die Sumpfdotterblume *(Caltha palustris).* In freier Wildbahn wächst sie auf sumpfigen Wiesen, an Quellen, Bächen, kleinen Flüssen, Gräben und anderen feuchten Stellen. Von nassen Füßen bis zu einem Wasserpegel über den Blättern geht alles, sie liebt auch einen wechselnden Wasserstand. Viele Wiesen wurden trockengelegt und planiert, damit sie sich besser mähen lassen. Senken und Mulden, und damit

Die Sumpfdotterblume braucht einen Lebensraum am Wasser oder auf sumpfigen Stellen.

der Lebensraum der gelb blühenden Staude, gehen so verloren. Aber auch dass Bäche begradigt, Entwässerungsgräben ausgeschachtet oder Bäche ganz in Rohre gesperrt werden, lassen sie in der Natur immer seltener werden. Das heißt aber nicht, dass sie im Garten eine Zimperliese wäre, im Gegenteil. Sie ist robust und winterhart. Wo sie idealerweise die Füße im Wasser und die Sonne im Gesicht hat, breitet sie sich mit unterirdischen Ausläufern schnell zu dichten Teppichen aus. Wollen Sie das beschleunigen, dann die Pflanzen einfach teilen, am besten im Herbst; im Frühjahr sind die Knospen schon angelegt, sie brechen leicht ab. Die Pflanze stirbt nicht daran, aber sie blüht dann natürlich in diesem Jahr nicht mehr. Und bildet keine Früchte und keine Samen, die sich im Wasser und an den Füßen von Enten und anderen Vögeln entlang der feuchten Stellen auch sehr gut weiterverteilen. Wem sein Bestand an Sumpfdotterblumen reicht, schneidet sie nach der Blüte zurück.

Im Mai übernimmt die Sumpfschwertlilie *(Iris pseudacorus):* Sie blüht ebenfalls gelb und verbreitet sich über Wurzelausläufer, so eifrig, dass Nachhilfe durch Rhizomteilung eigentlich nicht nötig sein sollte. Im Hochsommer hat dann der Blutweiderich *(Lythrum salicaria)* seinen Auftritt mit hoch aufschießenden roten Blütenständen. Bleiben die Ähren über Winter stehen, freuen sich die Vögel über das Nahrungsangebot und helfen fleißig mit, die Samen zu verteilen.

Weil ein Standort am Wasser noch ein paar Faktoren mehr hat, nicht nur Licht und Boden, sondern zum Beispiel auch noch die Wasserhärte, kann es sein, dass Ihre Wunschpflanzen nicht bleiben oder vor sich hin vegetieren. Zu viele Gedanken machen, wäre zu viel Arbeit. Lassen Sie die Pflanzen einfach machen. Gerade die echten Wasserpflanzen kommen wie von alleine, und wenn es die Algen sind. Aber auch Wasserlinsen und Co. sind schnell an Vogelfüßen und Insektenflügeln eingereist, und wenn Sie ungeduldig sind, findet sich in der Nachbarschaft sicher jemand, der Ihnen ein paar Handvoll schenkt. Die Kleine Wasserlinse *(Lemna minor)* oder ihre größere Schwester, die Dreiteilige Wasserlinse *(Lemna trisulca)*. Beide können ruckzuck eine Teichoberfläche mit ihrem typischen dünnen, grünen Blattteppich bedecken, auch bekannt als Entengrütze oder Entenflott. Das ist nicht wirklich schön, hilft aber im Sommer, das Teichwasser kühl zu halten.

Ebenfalls schnell da: Laichkräuter *(Potamogeton)*, die im Gegensatz zu See- und Teichrose relativ unauffällige Blüten haben, aber zum Teil wie das Schwimmende Laichkraut *(Potamogeton natans)* ebenso große Schwimmblätter ausbilden. Sie bieten Wohnung und Versteck für Kleinvieh aller Art. Laichkräuter neigen zum ungestümen Breiterwerden, deshalb sollte man hier nicht nur die Arme offen halten, sondern auch sehr die Augen. Gartenteiche sind eher künstliche Biotope, und damit ein Teich auch Teich bleibt, sollte man hier sehr regelmäßig schauen und eingreifen: stutzen, kürzen, schneiden oder rausfischen, wer nur eine Spur zu überschwänglich aus der Reihe tanzt. Schilfrohr *(Phragmites australis)* und Rohrkolben *(Typhia)* gehören ebenfalls zu den Kandidaten, die unter Dauerbeobachtung stehen sollten. Ein eigentlich sehr sympathisches Völkchen: Die hohlen Stängel leiten wie Schnorchel auch bei einer Eisdecke frische Luft ins Gewässer und sind Winterquartier für viele Insekten, die Wurzeln sind essbar … Aber sie breiten sich mit ihren Ausläufern aus, und das sehr schnell, dazwischen sammeln sie Erde und nach kurzer Zeit ist der schöne Teich verlandet und wieder zu Erde geworden. Ein kleiner zahmer Kompromiss ist der einfache Igelkolben *(Sparganium emersum)*: rund 50 Zentimeter groß, mit seinen igeligen Blüten etwa doppelt so hoch. Aber auch ihn sollte man im Blick behalten, bevor er zu selbstständig wird.

Wer es auch oder ausschließlich nass mag:

- Dreimasterblume *(Tradescantia × andersoniana)*
- Fieberklee *(Menyantes trifoliata)*
- Gilbweiderich *(Lysimachia vulgaris)*
- Kohldistel *(Cirsium oleraceum)*
- Kriechender Günsel *(Ajuga reptans)*
- Kuckucks-Lichtnelke *(Lychnis flos-cuculi)*
- Mädesüß *(Filipendula ulmaria)*
- Pfennigkraut *(Lysimachia nummularia)*
- Schachbrettblume *(Fritillaria meleagris)*
- Sumpf-Veilchen *(Viola palustris)*

Hoch, höher, am höchsten: Pflanzen für die 3. Dimension

Erst Algen, Moose und Flechten, dann nach und nach Farne und Blütenpflanzen – in der Regel sind es ursprünglich an Fels- und Geröllstandorte angepasste Arten, die Wände, Mauern, Dächer erobern; manchmal aber auch kleine Büsche und Bäume, deren Samen mit dem Wind gekommen sind. Fast alles, was hier wächst, wirkt besonders faszinierend, an einem Ort, wo eigentlich nichts wachsen kann, dort, wo fast keine Erde ist oder kein Wasser hinkommt, und wenn, dann bleibt es nicht, sondern läuft, der Schwerkraft folgend, ab und weiter auf den Boden. Gerade diese Standorte ermöglichen es manchen Arten, in Ruhe zu leben, weil sie vor den sehr selbstbewussten selbstständigen Pflanzen geschützt sind. Brennnessel, Giersch und Co. haben es gar nicht nötig, sich mit diesen drittklassigen, mageren unbequemen Plätzen abzugeben.

In der Vertikalen: selbstständig auf der Mauer

Die meisten Mauergewächse sind Durst- und Hungerkünstler, die mit einem Minimum an Wasser und Nährstoffen überleben können, denn die Mauerfugen bieten nur kleinsten Wurzelraum und fast keine Wasserspeichermöglichkeit, auf der Schattenseite auch nur ein Minimum an Licht.

Hier fühlen sich dann lichtscheue Gebirgspflanzen wohl, sporenverbreitete Farne wie die Mauerraute *(Asplenium ruta-muraria)* oder der Gelbe Lerchensporn, dessen Samen die Ameisen die Mauer rauf und runter und kreuz und quer tragen. Vor allem feucht mag es das Zimbelkraut *(Cimbalaria muralis)*. Es kümmert sich selbst um die Samenverbreitung, und zwar mit einem besonderen Trick: Es wächst mit seinen kleinen Blüten zunächst zum Licht, zur Sonne, um sie potentiellen Bestäubern entgegenzurecken. Sind die Blüten zu Früchten geworden und in diesen die Samen reif, wenden sich die Triebe zum Schatten, zum Boden – oder eben direkt in Mauerfugen hinein. Hauptsache dunkel, denn als Dunkelkeimer brauchen es die Zimbelkrautsamen so. Und weil zumindest ein Teil der Samen in ihren Kapseln haften bleibt, fallen sie beim Drehen und Wenden nicht heraus und das kleine Pflanzenkind landet gezielt am passenden Standort. Das Fachwort für dieses Drehen und Wenden ist übrigens Phototropismus: Blumen wachsen zum Licht – und manchmal eben auch zum Schatten.

Auf der sonnigen Mauerseite ist es dagegen oft heiß, sehr heiß, und trocken. Hier wachsen mediterrane Pflanzen, robuste Hochgebirgsbewohner und gerne auch das Schöllkraut. Bei ihrer Verbreitung sind dann auch wieder die Ameisen im Spiel.

Klar, es gibt solche und solche Mauern. In nagelneuen, zementgebundenen Neubaumauern wächst sowieso fast gar nichts, weil der pH-Wert sehr hoch ist und das Wasser sich überhaupt nicht halten kann, nicht mal tropfenweise, und auch kein Körnchen Nährstoff und Erde. Das ändert sich oft erst nach Jahrzehnten, wenn Feuchtigkeit ins Mauerwerk aufsteigt oder der pH-Wert des Zements sinkt.

Das Zimbelkraut legt seine Samen gezielt in kühle Mauerfugen und anderen dunklen Stellen ab.

Am buntesten bewachsen Natursteintrockenmauern; am leichtesten natürlich, wenn Sie die Mauer neu anlegen und die Fugen gleich mit einem nährstoffarmen, wasserdurchlässigen Gemisch aus Schotter mit Feinanteilen und etwas Unterboden füllen und hineinpflanzen, was passt und gefällt.

Nachträglich geht es auch: Entweder mit Samen, die Sie mit Erde und Wasser zu einer dickschlammigen Mischung rühren und mit einem Tortenspritzbeutel tief in die Fugen hineinfüllen. Und dann: feucht halten, bis die Samen aufgegangen und Wurzeln geschlagen haben. Am besten mit einem Rasensprenger, der so steht, dass er die Mauer eben trifft. Zu viel Wasser würde ja wieder alles herausspülen. Sind die Fugen größer, können Sie Kleintopfstauden pflanzen.

Aber nicht immer wachsen alle Mauerpflanzen gleich gut an einem Standort, und es ist schwierig vorherzusehen, welche das sein werden. Effektiver ist, immer wieder nachzuhelfen: die Pflanzen Ihrer Wahl in Töpfe zu setzen und diese rund um die Mauer und vor allem auf der Krone zu verteilen; dann aber gut befestigen. Das ist die Blumentopfmethode (siehe Seite 56). Die Samen suchen sich das passende Plätzchen dann alleine. Funktioniert gut mit dem Spanischen Gänseblümchen, Glockenblumen oder Grasnelken, Kräutern wie Thymian und Bohnenkraut und natürlich mit allem, was das Wort Mauer im Namen trägt. Wie der Mauerpfeffer. Vom *Sedum* gibt es nicht nur die typische würmchenähnliche gelb blühende Art, sondern vielfarbige und vielgestaltige andere Arten mehr, von weiß bis rot, blau und grün blühend. Sie breiten sich reichlich aus, am besten, wenn es schön viel regnet: Bei Nässe öffnen sich die Früchte, die klatschenden Regentropfen schleudern die Samen heraus und spülen sie als Regenschwemmlinge entlang des Mauerfußes und von oben nach unten in jede Ritze. Weil auch Ameisen die Nüsschen einsammeln, kommt er auch von unten nach oben.

Und nicht nur Trockenmauern, sondern auch Klinkerwände, Betoneinfriedungen, Kellertreppen, Terrassensockel, alles, was mauerähnlich ist, lässt sich so nach und nach beleben.

Manchmal eignen sich Standorte auch nur für Moos und Flechten. Licht, Nährstoffe, Substrat und die Möglichkeit, Feuchtigkeit zu halten, reichen einfach nicht aus. Zahlreiche Moos-Arten gibt es, die auch ein Fachmann oft nur mit der Lupe unterschieden kann, aber sie sind alle schön. Wunderschön, wenn Sie einmal genauer hinschauen (am besten mit einer Lupe). Und keine Angst, Moose wachsen nur obendrauf, machen die Mauersubstanz also nicht kaputt. Meist sind es kalkliebende Moose oder, wenn die Mauer von Vögeln besucht und bekleckst wird, auch nährstoffliebende Arten wie das Mauerdrehzahnmoos *(Tortula muralis)*. Und wenn Sie mehr davon haben wollen, können Sie auch hier mit einer Art Schnittgutübertragung arbeiten: Moos, Joghurt, Wasser, Zucker mixen und die Mauer damit einpinseln und schön feucht halten, bis es richtig angegangen ist.

Und bitte auch keine Angst vor Flechten! Flechten sind Lebensgemeinschaften aus Pilzen und Algen oder Bakterien. Die Algen produzieren aus Sonnenlicht Energie für die kleine WG. Der Pilz holt Mineralien aus dem Untergrund – in diesem Fall aus der Mauersubstanz, das stimmt. Aber sie wachsen so langsam, nur ein paar Millimeter pro Jahr, sodass von »Kaputtmachen« keine Rede sein kann. Also Drauflassen und den schillernd grünen oder leuchtend orangen, hellgelben, blaugrauen, schwarzen oder weißen Anblick genießen.

Noch mehr selbstständige Mauerpflanzen:

- Akelei *(Aquilegia vulgaris)*
- Dalmatiner-Glockenblume *(Campanula portenschlagiana)*
- Grasnelke *(Armeria maritima)*
- Hauswurz (Sempervivum-Arten)
- Heidenelke *(Dianthus deltoides)*
- Kalkaster *(Aster amellus)*
- Orangerotes Habichtskraut *(Hieracium aurantiacum)*
- Rote Spornblume *(Centranthus ruber)*
- Steinbrech *(Saxifraga)*
- Storchschnabel (Geranium-Arten)

Auch der Extremstandort Dach kann mit selbstständigen Pflanzen lebendig begrünt werden.

In der Horizontalen: Begrünung für kleine und große Dächer

Auch auf Dächern wächst so einiges, ganz von alleine, durch Vögel oder den Wind herangebracht. Aber ein Dach ist auch ein extremer Standort, an dem den Pflanzen viel abverlangt wird. Wollen Sie nicht nur eine Zufallsgesellschaft, sondern eine gut funktionierende grüne Dachdeckung, gilt hier im Kleinen, was für den ganzen Garten im Großen gilt: Gute Planung, die richtigen Arten gezielt gefördert, dann läuft das System bald von alleine rund.

Für den Aufbau und die Planung eines Gründachs, auch was Technik und Statik, Mengen und Maße und Neigungen angeht, lassen Sie sich am besten von einem erfahrenen Fachmann und von Fachliteratur unterstützen; das alles zu beschreiben, würde den Rahmen dieses Buches sprengen.

Im Fachjargon unterscheidet man zwischen intensiver und extensiver Dachbegrünung. Extensiv meint im Grunde etwas Ähnliches wie Bepflanzung mit selbstständigen Blumen. Die Pflanzen fürs extensive Dachleben müssen nämlich selbstständig sein, sehr selbstständig. Sie müssen alleine mit dem Stress dort oben auskommen, zeitweise mit wenig Wasser und mit minimaler Substratdicke, mehr als 10 Zentimeter sind es ja oft nicht. Das reicht gut für Polsterblumen, ein paar Stauden und Gräser und auch Zwiebelblumen. Oder den Steinbrech *(Saxifraga)*: Sein Name ist Programm, er bricht zur Not auch Stein und fühlt sich eben auch an anderen strapaziösen Orten reichlich wohl. Auch Haus- oder Dachwurzen *(Sempervivum)* sind schon vom Namen her perfekt fürs Dach geeignet: Es sind zähe Sukkulenten, die sich mit ihren langsamen Rosettenausläufern beharrlich wie eine Schildkröte verbreiten; die hohen fleischigen Blüten lassen ihre Samen mit dem Wind verteilen.

Wenn Sie pflanzen, empfiehlt es sich, nur Wurzelstücke oder Teile von Ausläufern einzusetzen, dann wundert sich die Pflanze nicht über den plötzlich doch niedrigen Wurzelraum, sondern kann sich beim Wachsen gleich darauf einstellen. Beim Säen passiert das automatisch.

Am besten warten Sie eine feuchte Wetterperiode ab, denn so robust die Pflanzen auch später sein mögen, als kleine Kinder brauchen sie es schön feucht. Ökologisch gesehen, lohnt sich die Mühe, sind es doch zusätzliche, lebendige Grünflächen, die auch die Luft säubern, Wasser speichern, Pollen, Nektar, Früchte und für die Tierwelt Quartiere anbieten. Und wunderschön, egal, ob man vom Dachfenster auf die Garage schaut oder vom Balkon aufs Gartenhäuschen oder aufs Dach des Kaninchenstalls.

Weitere selbstständige Arten fürs Dach:

- Grasnelke *(Armeria maritima)*
- Heidenelke *(Dianthus deltoides)*
- Katzenpfötchen *(Antennaria dioica)*
- Mauerpfeffer *(Sedum acre)*
- Mausohr-Habichtskraut *(Hieracium pilosella)*
- Sandthymian *(Thymus serpyllum)*
- Schafgarbe *(Achillea millefolium)*
- Wald-Erdbeere *(Fragaria vesca)*
- Zittergras *(Briza media)*
- Zwerg-Glockenblume *(Campanula cochleariifolia)*

Geißblatt (links im Bild) und Zaunwinde sollten Gartenbesitzer im Auge behalten.

Einfach nur gerade nach oben: Sichtschutz und Kletterpflanzen

Auch wer sich mit seinem Nachbarn gut versteht, möchte vielleicht sein privates Eckchen; oder einfach die hässliche Hofmauer verschönern oder klassisch den Komposthaufen verstecken. Möglichkeiten für Kletterpflanzen gibt es viele. Efeu, Hopfen, Brombeeren sind sehr selbstständig, fast verrufen selbstständig. Zu Unrecht, denn mit Dauerbeobachtung, einem starken Arm und scharfer Schere sind sie gut zu beherrschen; das ist aber auch nötig, sie schaffen es sonst in Jahresfrist, nicht nur die Zäune zum Nachbarn zu bewachsen. Kletterhortensien dagegen brauchen Jahre. Und Kletterrosen oder Ramblerrosen auch, die Blüten sind ein Traum, aber nur kurze Zeit, und im Winter sind sie alle nackt und kahl.

Eine Kombination der verschiedenen Pflanzen-Typen ist die Voraussetzung für eine ganzjährig grüne und im Sommer schön blühende Kletterwand. Sehr hübsch und oft als Blütenlieferanten verwendet sind zum Beispiel Glockenrebe, Schwarzäugige Susanne und Prunkwinde. Wirklich selbstständig und pflegeleicht sind diese Klassiker nicht. Sie sind bei uns nicht winterhart, auch ihre Samen keimen nicht wieder von alleine, müssen also jedes Jahr neu gezogen und gesetzt werden. Dann dauert es bis zum Hochsommer, bis eine einigermaßen geschlossene Pflanzenwand gewachsen ist.

Zäune und Co. mit selbstständigen Pflanzen, das geht aber auch, man muss nur mal entlang von Flüssen oder Feldern schauen, was dort alles an den Heckensäumen wächst: Der Windenknöterich *(Fallopia convolvulus)* zum Beispiel, er hat herz- bis pfeilförmige Blätter und kleine zartrosa Blütenrispen. Die großen weißen wie holländische Zuchtblumen wirkenden Blüten der Zaunwinde *(Calystegia sepium)*, die kleineren, rosaüberlaufenen der Ackerwinde *(Convolvulus arvensis)*. Die Rotfrüchtige Zaunrübe *(Bryonia dioica)* hat kleine Sternchenblüten und dann rote Beeren.

Es geht also, aber das ist was für Profis, denn alle diese wilden Ranker haben aus Gärtnersicht nicht die besten Manieren. Hat der Windenknöterich einmal seine

Wurzel in voller Größe und Tiefe ausgebildet, kommt er zwar auf jedem Standort ganz allein an Wasser, ist aber auch kaum mehr vom Fleck zu bewegen. Egal, wie tief man hackt und gräbt, ein Stück Rhizom, und er kommt immer wieder. Was an der Hecke gewünscht ist, stört woanders immens. Damit das nicht passiert, sollte man seinen Windenknöterich spätestens in der Blüte schneiden. Wenn doch mal ein paar Samen in den Garten entwischt sein sollten: Er keimt recht spät und als Baby kann man ihn noch einigermaßen jäten.

Ganz ähnlich ist es bei der Zaunwinde: Die mehrjährige Pflanze hat tief reichende Wurzeln, die so vital sind, dass selbst aus kleinen Bruchstücken neue Triebe wachsen, die Triebe werden bis zu drei Meter lang und winden sich an allem hoch, was sie finden, und wenn nicht, schlängeln sie sich über den Boden, auch die Ackerwinde macht es so.

Wem all das zu heikel ist, kann mit einjährigen Arten wie der Duftwicke *(Lathyrus odoratus),* Feuerbohne *(Phaseolus coccineus)* und Kapuzinerkresse *(Tropaeolum majus)* der Mauer, dem Zaun oder der einheitsgrünen Efeuwand einen bunten Anstrich geben. Sie alle bilden Früchte, Schoten und Samen und kommen mit etwas Glück im nächsten Jahr wieder; wenn nicht, sind neue Samen schnell gesteckt. Und wenn eine Wicke oder eine Kapuzinerkresse in einen anderen Teil des Gartens einreist, dann können Sie diese dort in Ruhe blühen lassen und es genießen. Wichtig ist, dass die Kletterpflanzen etwas finden, um das sie ihre Ranken schlingen können. An Mauern brauchen sie daher Kletterhilfen wie Äste, Drähte, Seile oder Rankgitter. Sonst suchen sich die Pflanzen von ganz alleine Standorte, die ihnen gefallen. Was auch noch geht, sind Pflanzen, die so groß werden, dass sie als Sichtschutz dienen: Staudensonnenblumen beispielsweise, von denen es auch die Variante *Helianthus giganteus* gibt, die bis drei Meter hoch werden kann. Mit einer Mischung verschiedener Arten hat man von Juli bis Oktober Blüten in allen Höhen ab einem Meter. Sie vermehren sich stetig über unterirdische Rhizome. Wer das beschleunigen möchte, teilt sie im Herbst; raushacken bremst, wo sie sich zu stark vermehren.

Weitere Arten für den Sichtschutz:

- Akeleiblättrige Wiesenraute *(Thalictrum aquilegifolium)*
- Echter Alant *(Inula helenium)*
- Echtes Geißblatt *(Lonicera caprifolium)* und andere Lonicera-Arten
- Federmohn *(Macleaya microcarpa)*
- Großblütige Königskerze *(Verbascum densiflorum)* und andere Verbascum-Arten
- Großer Schuppenkopf *(Cephalaria gigantea)*
- Hoher Rittersporn *(Delphinium elatum)*
- Jungfernrebe *(Parthenocissus quinquefolia)*
- Kandelaber-Ehrenpreis *(Veronicastrum virginicum)*
- Wilder Hopfen *(Humulus lupulus)*

Pflaster und Steine: was in engen Fugen wachsen kann

Es ist ein unwirtlicher Lebensraum, so ein Platz zwischen Steinen. Trocken und heiß, wenig Erde, noch weniger Humus und für die Wurzeln wird es oft eng. Ein bisschen kommt es natürlich auf die Steine an: Auf einem Parkplatz zum Beispiel knallt die Sonne, zwischen den Fugen sammeln sich Sand, Zigarettenkippen und was der Regen so an Schadstoffen hineinschwemmt. Und wenn es regnet, gibt es gleich eine Überschwemmung, weil auf so einer versiegelten Fläche das Wasser nicht in den Boden sickern kann, sondern in Strömen darüberrauscht.

Wobei das so nicht ganz stimmt. Irgendwas wächst zwischen den Steinen immer, nicht umsonst gibt es Bücher und Gerätschaften en masse, die nur dafür da sind und sich damit beschäftigen, wie man das wieder rausbekommt, was von alleine grünt und vielleicht blüht. Un-Kraut und auch schöne Blumen, dem manche Leute Tag für Tag, gebückt und auf Knien mit dem Küchenmesser zu Leibe rücken, aus meist unbegründeter Sorge, die Pflanzen machten das Pflaster kaputt; oder – meist sind es die Männer – mit dem Abflammgerät. Moos, Knöterich, Hornklee, eine Birke, Wegerich, Disteln und andere Pioniere und genügsame Einwanderer …

Ja, irgendwas wächst immer. Aber wir hätten gerne übers Pflaster schäumende Kräutertuffs und dass sich aus kleinen Fugen malerisch Akelei und Fingerhut, an den Rändern gerne auch Königskerzen und Stockrosen emporschieben. Und das geht auch.

Je älter ein Pflaster, desto mehr hat der Lauf der Zeit seine Spuren in den Ritzen und Fugen hinterlassen: Erde, Humus und Nährstoffe. Wenn Sie eine Fläche neu anlegen, ist es umso leichter, Lücken zu lassen und diese mit Erde und Samen und Pflanzen zu füllen. Je größer die Fugen, desto leichter hat es die Natur, sich in die Bauwerke der Menschen hineinzumogeln. Wichtig ist, die Funktion mitzudenken: Sie wollen trockenen Fußes darauf laufen? Oder Tisch und Stühle dort standfest platzieren, sodass Sie nicht mit einem Stuhlbein in der Erde versinken? Wird der Weg häufig befahren oder ist es ein kleiner, wenig begangener Weg?

Bei der Neuanlage sollten Sie sich kompetent beraten lassen und gleich die Bepflanzung bedenken. Vorhandene Flächen können Sie mit ein paar Tricks lebendiger gestalten.

Schmale Pflasterfugen sollten Sie leer kratzen von allem, was dort wächst und ersetzt werden soll; dann wieder füllen: passende Erde auf die Fläche streuen, anfeuchten und in die Fugen und Ritzen fegen und am besten noch mal gießen, aber so sanft, dass nicht alles wieder herausgespült wird. Dann die Samen einstreuen, festklopfen, feucht halten. Sie können die Erde auch gleich mit den Samen mischen, die Ihnen vorschweben von Akelei bis Mohn; Sie können es einfach mal mit einer bunten Sommerblumenmischung versuchen oder auf Nummer sicher gehen, mit Saatgut, das speziell für Pflasterritzen zusammengestellt worden ist.

Noch ein bisschen besser gelingt allen der Start, wenn Sie das Saatgut vor dem Einsäen mit feuchtem Sand und reichlich unkrautfreiem Grünkompost vermischen. Die Mischung wird dann auf die Fläche gestreut und eingekehrt.

Und: Gezielter geht es auch mit der Blumentopfmethode (siehe Seite 56). Erstens können Sie so einzelne Arten, die Ihnen gefallen oder die sonst auch in Ihrem Garten vorkommen und auf die Terrasse »zitiert« werden sollen, direkt auswählen; und zweitens macht es weniger Arbeit und zeigt bessere und interessantere Erfolge, weil so auch mal ein Samen da aufgeht, wo er mit anthropochorer Verbreitung sicher nicht hingekommen wäre. Und durch die Töpfe sieht es schon nett aus, auch wenn in den Fugen noch nichts wächst.

Die Blumentopfmethode eignet sich für alle selbstständigen Blumen, die sich (auch) im Topf wohlfühlen und sich nach und nach reich versamen. Gut geht es mit Spanischem Gänseblümchen *(Erigeron karvinskianus)*, Mutterkraut *(Tanacetum parthenium)* und auch die hundsgewöhnliche Schafgarbe, die ein natürliches Verbreitungsgebiet von Südeuropa bis Sibirien hat, macht vor einer Pflasterfuge nicht Halt. Die heimische Art wächst locker horstig, bildet durchaus Ausläufer und versamt sich aus ihren weißen Dolden reichlich selbst. Rosa-überlaufene Exemplare sind keine Seltenheit, und wer es bunter will, kauft ein paar Zuchsorten dazu.

Natürlich können Sie auch einige Steine aus der Pflasterfläche nehmen, die Lücke mit Erde füllen und dort Blumen Ihrer Wahl einpflanzen, am besten als Kleintopfstauden. Auch Kräuter sehen oft sehr schön aus, weil sie Polster bilden, lange blühen, Insekten anziehen und oft auch noch wintergrün sind.

Wie sind sie dort wohl hingekommen? Vielleicht waren Ameisen mit im Spiel …

Die verschiedenen Thymian-Arten eignen sich ebenfalls gut, sie kommen mit Trockenheit und wenig Nährstoffen gut aus und sind in einem gewissen Maße trittfest – allerdings nicht immer winterfest. Geeignete Arten sind beispielsweise der Sandthymian *(Thymus serpyllum)* oder der Frühblühende Thymian *(Thymus praecox).*

Eine gute Wahl ist der als Küchenkraut verwendbare Steinquendel, auch Bergminze genannte *(Calamintha nepeta),* er wächst locker und bildet so mit der Zeit Matten, die im Juni mit unzähligen kleinen lila Blüten erblühen. Auch mit Bergbohnenkraut funktioniert es ähnlich und gut oder mit Minzen und Lavendel.

Fast alle Arten können Sie übrigens auch in ein Kiesbeet pflanzen und herumwandern lassen – und noch einige andere mehr; verglichen mit einer gepflasterten Fläche mit engen Fugen ist ein Kiesbeet ein direkt komfortabler Lebensraum.

Noch mehr selbstständige Fugen- und Pflasterpflanzen:

- Echte Kamille *(Matricaria recutita)*
- Fiederpolster *(Cotula potentillina)*
- Gänseblümchen *(Bellis perennis)*
- Gemeine Ochsenzunge *(Anchusa officinalis)*
- Gewöhnlicher Dost *(Origanum vulgare)*
- Glockenblumen (Campanula-Arten)
- Hauswurz *(Sempervivum)*
- Klatschmohn *(Papver rhoeas)*
- Römische Kamille *(Chamaemelum nobile)*
- Schöllkraut *(Chelidonium majus)*

Blühender Kies: wie es zwischen Steinen lebendig wird

Kiesbeete gibt es als pflegeleicht geltende Kiesflächen in Gärten und Vorgärten derzeit immer häufiger. Sie sehen mehr tot als lebendig aus und vor allem nicht so wie die in Gartenzeitschriften abgebildeten malerischen Kiesel-Blüten-Idyllen, in denen überschäumend blühende, wie mit leichter Hand platzierte Polsterblumen zwischen den Steinen ein wunderschönes Mosaik bilden. Ein Traum, den so mancher für ein paar Wochen im Jahr tatsächlich hat, wenn er frisch im Gartenmarkt gekaufte Blumen zwischen die Steine gräbt. Kurzfristig wächst und blüht da fast alles, langfristig bleibt leider fast nichts.

Aber langfristig geht natürlich auch und besonders gut geht es mit selbstständigen Pflanzen. Räumen Sie an einigen Stellen den Kies ab, bis auf die Erde; in Vlies oder Folie schneiden Sie einfach ein Loch. Gartenerde oder Schotter mit Feinanteilen (Körnung 0/26 oder 0/32 mm) einfüllen und pflanzen, was Sie mögen. Oder was sich gut bewähren wird; Sorten, die zum Trockenstandort passen, oder auch Kleintopfstauden, die eigentlich für die Dachbegrünung gezogen werden, und eigentlich auch alle im vorherigen Abschnitt genannten Arten, von mediterranen Kräutern bis zum Mauerpfeffer. Auch gut: der Ehrenpreis *(Veronica teucrium),* ein Allrounder, der jedes Frühjahr aus seinem ausdauernden Wurzelstock harte, haarige Stängel und dann im Mai und Juni viele kleine hellblaue Blüten treibt. Er kommt immer wieder und samt sich auch aus. Auch das Echte Eisenkraut *(Verbena officinalis)* ist ausdauernd. Es bildet Rosetten und schöne Blüten, deren Samen sich mit Wind, Wetter, Tier und Mensch im ganzen Garten und natürlich auch zwischen neuen Pflasterfugen oder Kies verteilen. Also: Rein mit den Pflanzen der Wahl und dann schichten Sie den Kies wieder zurück und vorsichtig um den neuen Bewohner herum.

Eisenkraut

Wenn Sie die Fläche neu anlegen, lassen Sie sich am besten kompetent beraten, welchen Kies oder Schotter Sie zum Anlegen der Beete verwenden sollten. Schotter mit Feinanteilen ist vor allem bei Pflanzungen von heimischen Wildstauden eine gute Wahl. Oberboden möglichst zum Modellieren kleiner Hügel anderswo verwenden, so sind unerwünschte Samen oder Rhizome später nicht mit am Start.

Wasserdost braucht feuchte Stellen im Garten und zieht Schmetterlinge magisch an.

Pflanzen Sie ein paar Initialpflanzen am Rand. Wenn die Fläche betreten wird, können sie sich von dort aus die besten und ruhigen Plätze selber suchen, wenn es wirklich nur Beet sein wird, auch ganz nach ihrem Geschmack.

Beim Säen sind Kiesflächen etwas heikel: Fallen die Samen zu tief zwischen die Steine, haben insbesondere die Lichtkeimer nicht genug Sonne; obenauf gibt es kein Substrat und der Wind würde ohnehin eine Menge wegtragen. Der Trick sind Samenbomben, das klingt cool und gefährlich, aber Sie können natürlich auch Saatkugeln dazu sagen. Für die Samenbomben zehn Esslöffel Erde, acht Esslöffel Tonpulver und zwei Teelöffel Samen gut vermischen; einige Teelöffel Wasser dazu, nach und nach und so viel, bis ein fester Matschteig entstanden ist. (Wer lehmigen Gartenboden hat, kann sich das Anrühren des Pulvers sparen.) Den Teig in zehn Teile teilen, zu Kugeln formen und in einem Eierkarton trocknen lassen. Oder gar keine Kugeln machen, sondern einfach nur die Mischung kleckweise im Kies verteilen. Wenn es nicht regnet, immer schön feucht halten. Am besten säen Sie deshalb im Frühjahr oder Herbst aus.

Frühblüher von Osterglocke bis Traubenhyazinthe können Sie ebenfalls unter der Kiesschicht versenken, und – weil es da so schön trocken ist – hier werden sich besonders Wildtulpen wohlfühlen; ein Kiesbeet ähnelt ihrer eigentlichen Heimat, der

Steppe, mehr als das typisch deutsche, fett-feuchte Blumenbeet. Auch Blausterne *(Scilla bifolia)* und Kissenprimeln *(Primula vulgaris)* mögen es, im Kies zu leben.

Kies und Steine passen nicht nur an die üblicherweise gewählten, vollsonnigen, sandigen, trockenen Standorte, auch im Schatten geht's oder an feuchten Stellen im Garten. Hauptsache, unter der Schicht Steine staut sich keine Nässe, diese würde die Wurzeln faulen lassen. Legen Sie den Aushub leicht schräg an, dann kann das Wasser immer abfließen; das Gefälle gleicht die Kiesschicht dann wieder aus. Wichtig dabei: Das Gefälle immer vom Haus und den Eingängen wegführen, damit auch bei starkem Regen nichts passiert.

Geradezu wie gemacht dafür ist die Schachbrettblume *(Fritillaria meleagris)*. Sie blüht im Frühjahr, wild an frischen bis sumpfigen Standorten und Wiesen und schön auch am Teichrand. In der Natur ist sie selten, weil ihre Standorte selten geworden sind, nicht weil sie zimperlich ist. Wo sie sich wohlfühlt, breitet sie sich über Ausläufer und Samen fröhlich bis ungestüm aus. Ein niedrig bleibender, feuchteliebender Kandidat ist das Pfennigkraut *(Lysimachia nummularia)*. Es blüht gelb und ideal zwischen Pflastern mit breiteren Fugen oder Kies. Dort kann es wurzeln und seine Triebe auch auf die Platten und über die Steine schicken. Und dann, im Sommer bis in den Herbst und sehr imposant: der Wasserdost *(Eupatorium cannabinum)*, in dessen üppigen rot-rosa-lila-violetten Blütendolden das Insektenleben nur so schwirrt. Er streut im Herbst mengenweise Samen zwischen die Steine und vermehrt sich völlig selbstständig. Für noch mehr Farbe rund ums Jahr: Ab April blüht der weiße Fieberklee *(Menyanthes trifoliata)*, ab Mai der Gelbe Lerchensporn, dann kommen lila, weiß oder lila-weiß überlaufend die Dreimasterblumen, dazwischen rosafarbene Kukucks-Lichtnelken *(Lychnis flos-cuculi)* und ab Juni den ganzen Sommer die duftigen Blütenwolken vom Mädesüß. Im feuchten Schatten setzen Sie am besten auf Farne, Streifenfarn zum Beispiel oder Tüpfelfarn.

Noch mehr selbstständige Pflanzen für den Kies:

- Akelei *(Aquilegia vulgaris)*
- Großblättriger Frauenmantel *(Alchemilla mollis)*
- Färberkamille *(Anthemis tinctoria)*
- Großes Löwenmaul *(Antirrhinum majus)*
- Kalifornischer Goldmohn *(Eschscholzia californica)*
- Nachtkerze *(Oenothera biennis)*
- Natternkopf *(Echium vulgare)*
- Rainfarn *(Tanacetum vulgare)*
- Sandmohn *(Papaver argemone)*
- Wald-Erdbeere *(Fragaria vesca)*

Belastbarkeit ist alles: auf Wegen, Plätzen und unter Hecken

Nicht alle Pflanzen, die im Kies wachsen, sind trittfest. Ist das Kiesbeet gleichzeitig der Platz für den Liegestuhl oder liegen die Pflasterfugen in einem viel begangenen Weg, dann müssen robustere Arten her.

An manchen Stellen geht stabil eindeutig vor schön, und wir sind froh, wenn überhaupt dauerhaft etwas wächst: auf Wegen, Stellplätzen, Einfahrten, rund um Beerenhecken oder unterm Spielgerüst und Kletterbaum, wo so viel Frequenz herrscht, dass dort das sprichwörtliche Gras nicht mehr wächst und viel anderes erst recht nicht. Pflaster oder Rasen soll's nicht sein, ein Blumenbeet wäre Utopie, nackte Erde möchten wir aber auch nicht ... Leben bereits viele selbstständige Blumen im Garten und in der Nachbarschaft, lohnt es sich zu schauen, was von alleine kommt und käme, um ihnen dann ein bisschen auf die Sprünge zu helfen.

Wer kommen wird, weil er das seit Jahrhunderten und Jahrtausenden getan hat und auch schon so heißt, ist der Breitwegerich *(Plantago major),* sein Bruder Spitzwegerich *(Plantago lanceolata)* sicherlich ebenfalls.

Dass die beiden was aushalten, merkt man schon, wenn man an den Blättern zieht: breit und rund die des einen, länger, spitzer die des anderen. Lange Fasern halten das Blatt wie mit Nylonfäden fest zusammen und auch die braun-weiß-schwarzen Blüten stehen auf zähen Stielen. Rosette für Rosette machen sie Lücken zu und selbst wenn sie mal einen auf den Deckel bekommen haben, weil es matschig ist und das regelmäßige Getrappel der Kinder vom Haus zur Garage aus dem Weg ein Schlamm-Grün-Gemisch gemacht hat, kommen sie schnell erholt zurück. Seine Samen haften sich bei Feuchtigkeit an Füße und Pfoten, so kommt er überall hin, wo jemand läuft. Wollen Sie die beiden auf Ihren Wegen halten und nicht überall im Garten haben, sollten Sie sich die Arbeit machen und die Stängel vor dem Aufblühen abschneiden. Es werden immer noch genug durchkommen, um den Wegerich-Weg zu erhalten. Junge Pflanzen, die zu viel des Guten sind, lassen sich relativ gut aushacken oder rausziehen, am besten bei feuchtem Wetter. Alteingesessene Exemplare müssen Sie tief ausstechen, um sie loszuwerden; sie treiben sonst neu aus dem verbliebenen Rest-Rhizom. Sollte der Wegerich tatsächlich nicht von allein kommen oder soll es schnell gehen, sammeln Sie einfach irgendwo an Straßen und Wegen ein paar Blütenstängel ein: Ein bisschen Schnittgut reicht fürs Ansiedeln.

Schauen Sie dann ruhig, was noch am Wegesrand in der Umgebung wächst. Sicherlich wird es der Ampfer sein, der ganz gewöhnliche, mit den großen grünen Blättern und der hohen roten Blütenrispe. Die Blätter nehmen fast nichts übel, die ganze Pflanze auch nicht, egal, wie viel man abzupft oder von der Wurzel zertritt. Die weichen, jungen Blätter passen in den Salat, die großen alten können Sie als Partyteller für Grillfeste benutzen; früher soll es sogar Klopapier gewesen sein.

Wer zwischen Pflasterritzen wächst, muss belastungsfähig sein oder für reichlich Nachwuchs sorgen.

Jedenfalls: Der Ampfer bleibt und bleibt, und wenn er nur bleiben und sich nicht verbreiten soll, ist Ernten genau richtig. Und natürlich die Blüte abschneiden. Kleine Lücken macht der Vogelknöterich *(Polygonum aviculare)* zu; wahrscheinlich von alleine, aber wenn es dauert, dann mit Nachhilfe durch Schnittgut. Wo er stört, kann er einfach gejätet werden.

Wenn es doch eher der Duftpfad sein soll, vor der Hecke, den Gartenweg entlang, dann sollten Sie es mit Minzen und Zitronenmelisse versuchen. Sie sind zwar auf den ersten Blick nicht so robust und trittfest wie Thymian, aber ist ein Thymian erfroren oder in einem matschigen Sommer in die Erde getreten, dann ist er tot und bleibt tot. Minzen treiben schnell wieder durch und nach, wenn nicht an der gleichen Stelle, dann finden die Ausläufer schon einen neuen Ort. Deshalb eignen sich Minzen auch, um einen Kiesweg zu begrünen. Sie werden überall dort wachsen, wo es möglich ist, und dort, wo die Trittbelastung doch zu hoch ist, bleiben Steine. Das ergibt oft ein wunderbar geschwungenes Wuchsbild, dicht an den Rändern, in der Mitte kurz und dazwischen Schleifen und Flecke, die die Laufwege so harmonisch abbilden, wie es kein Gärtner hinbekommt, egal, wie gut geplant. Manchmal habe ich dann eine Idee, wie es noch besser proportionierter aussehen könnte, und dann nehme ich halt mal einen Zweig weg, schneide eine Pflanze kurz, damit es höhengestuft ist. Wenn es dann einmal zu grün und bunt wird, einfach komplett mit der Gartenschere drübergehen.

Minze und Zitronenmelisse versamen sich reichlich, treiben munter Ausläufer und vor allem die Minzen blühen bis in den Herbst und versorgen Hummeln, Bienen,

Fliegen und Schmetterlinge mit Nahrung. An den weniger frequentierten Rändern setzen Sie vielleicht ein paar Wald-Erdbeeren, regelmäßiges Begehen tritt ihnen auf die Finger, sodass sie nicht allzu viel Verbreitungsdrang zeigen werden. Mit ihren dünnen Trieben fädeln sie sich in die kleinste Lücke, auf die der Gärtner selbst gar nicht gekommen wäre, es stuft die Höhen und sieht einfach gut aus.

Auf trockenen, leichten Böden und zwischen Steinen gut geeignet: Römische Kamille *(Chamaemelum nobile)*. Sie wird auch Laufkamille genannt und kann, wenn in Mengen als sogenannter Rasenersatz gepflanzt, mit dem Rasenmäher kurzgehalten werden; irgendwann dann sollte sie aber einmal blühen dürfen. Es gibt verschiedene Sorten, achten Sie darauf, ungefüllte Blüten zu bekommen, damit sie nicht nur blüht, sondern auch fruchtet und sich versamt und weiterverbreitet. Dann macht sie das sehr flink und zuverlässig und lässt wenige Lücken für anderes. Sie ist für alle gut, die echten Rasen-Anblick haben wollen, in den sich kein anderes Kraut mehr mischen soll; wenn Sie es etwas bunter haben möchten, rücken und schneiden Sie die Kamille an manchen Stellen zur Seite.

Ebenfalls hoch im Kurs als Rasenersatz: das Fiederpolster *(Cotula potentillina)*. Ähnlich trittfest, aber es lässt seine Ausläuferdecke von alleine lückiger wachsen. Auch die Teppichverbene *(Phyla nodiflora)* eignet sich für große oder kleine begehbare Flächen.

Auch hier macht es sich der Wandergärtner ganz bequem, statt zu rätseln, was jetzt trittfest oder begehbar sein könnte, mischen Sie sich stabile Arten zusammen und schauen, was es davon wo aushalten kann. Möglicherweise werden nicht alle so groß wie am Idealstandort, oder blühen eher verhalten, weil sie die Kraft ins Stellunghalten investiert haben. Nachgestalten geht immer. Allen sollten Sie allerdings Zeit zum Anwachsen geben und, so lange sie klein sind, einen Umweg um sie machen.

Nicht nachtragend sind auch:

- Bergbohnenkraut *(Satureja montana)*
- Echte Kamille *(Matricaria recutita)*
- Färberkamille *(Anthemis tinctoria)*
- Fieberklee *(Menyanthes trifoliata)*
- Gewöhnlicher Reiherschnabel *(Erodium cicutarium)*
- Hornfrüchtiger Sauerklee *(Oxalis corniculatis)*
- Katzenminze *(Nepeta cataria)*
- Kriechendes Fingerkraut *(Potentilla reptans)*
- Schafgarbe *(Achillea millefolium)*
- Strahlenlose Kamille *(Matricaria discoidea)*

Im Spieleparadies: lebendige Gärten für Kinder

Wer seinen Garten und die Arbeit drum herum liebt, der möchte diese Liebe gerne an seine Kinder weitergeben. Was das Alter der Kinder betrifft, gibt es eigentlich keine Grenze: Blumen pflücken, Beeren futtern oder hinter Mama oder Opa herzockeln, das geht, sobald ein Kind laufen kann. Je einladender der Garten, desto lieber werden sie es tun. Und ein Garten voller selbstständiger Pflanzen ist geradezu perfekt. Rund übers Jahr blüht und fruchtet immer etwas. Keine Blume ist eine so gepäppelte Rarität, dass es Ärger gibt, weil ein Fußball Stängel zerknickt hat oder die Blüten als Sandkuchen-Deko, für die Hexensuppe oder andere Kinderspiele geerntet wurden.

Im Gegenteil, viele Pflanzen laden direkt zum Spielen ein: Der Wollziest *(Stachys byzantina)* mit seinen flaumigen Blättern und den wolligen rosa Blütenbällchen ist zum Streicheln und Liebhaben wie gemacht. Auch weil er Ausläufer bildet und sehr schnell regeneriert, falls er zu doll lieb gehabt wurde. Auch das Hasenschwanzgras *(Lagurus otavus)* trägt seinen Namen zu Recht, es hat dicke plusterige Ährenpuschel, die man einfach anfassen muss. Das Gras ist einjährig, versamt sich aber reichlich. Ebenso Borretsch *(Borrago officinalis)*, der blaue Sternchenblüten am laufenden Band produziert, oder Beinwell *(Symphytum officinale)* mit seinen rosa Glöckchen.

Buddeln, säen, beim Wachsen zusehen: So wächst die Liebe zum Gärtnern.

Mit Pflanzen, die sich Flugsamen, Streudosen oder Katapulte wachsen lassen, um ihre Samen zu verbreiten, können sich Kinder stundenlang beschäftigen, vom Mohn bis zum Springkraut und natürlich dem Löwenzahn als Pusteblume.

Die Mondviole oder Einjähriges Silberblatt *(Lunaria annua)* ist eine – entgegen seinem Namen – zweijährige Blume, die im ersten Jahr schon eine Blattrosette bildet. Die lila Blüten sind Schmetterlingsweide, die flachen Schoten tolles Spiel- und Bastelmaterial. Und der Samen fällt so nicht einfach nur auf den Boden, sondern wird von den Kindern schön quer durch den Garten verteilt.

Auf Frauenmantelblättern sammelt sich wunderschön der Tau und bietet jeden Morgen neue Glitzermuster zum Bestaunen. Die Blütenhüllen der Lampionblumen werden im Herbst und Winter durch Schnee, Frost und Verwitterung zu kleinen Schmuckstücken, die kleine Gartenelfen zu Ketten und Kränzen verbasteln können.

Auch ein üppiges Kräuterbeet mit der Erlaubnis zum Riechen, Rupfen und Probieren wird schnell zum Kindermagnet. Zitronenmelisse, verschiedene Minzen, Lavendel, Salbei und Rosmarin sind besonders beliebt. Und Wald-Erdbeeren: Sie blühen und fruchten in fast jeder Ecke, die noch frei ist, sogar in einem Topf auf der Fensterbank, brauchen kaum Pflege und bieten bis in den späten Herbst hinein regelmäßig kleine rote Früchte zum Naschen.

Hilft das Kind gerne bei der Gartenarbeit mit oder hat es ein eigenes Beet, dann sind schnelle Erfolge wichtig: Deswegen sollte schon das Säen nicht zu fummelig sein. Je kleiner die Kinder, desto größer am besten die Samen. Kapuzinerkresse *(Tropaeolum majus)* oder Ringelblume *(Calendula officinalis)* lassen sich auch schon mit kleinen Patschefingerchen gut fassen. Auch gut sind Sommerblumen-Mischungen, die nur flach verstreut und ein bisschen festgeklopft werden müssen. Und dann ist es wichtig, dass auch schnell etwas keimt und die Pflänzchen gut wachsen. Die kleinen Gärtner sind dann immer wieder aufs Neue erstaunt, wenn nach ein paar Tagen die ersten Blätter sprießen und nach wenigen Wochen irgendwann das Beet üppig mit Blüten übersät ist: Das waren die kleinen Samenkörner, die ich gesät habe …

Und natürlich Blumen für Sträuße und Kränze! Der Sandkastenrand als dauergestörte Stelle ist für viele Sommerblumen ein idealer Standort. Allerdings sind nicht alle unsere hinreißenden und selbstständigen Gartenblumen sogenannte echte Schnittblumen, die sich mehrere Tage problemlos in der Vase halten oder für einen Kranz taugen. So manche lassen schon nach wenigen Minuten schlapp die Köpfe hängen. Oder streuseln – wie zum Beispiel die eigentlich robuste Akelei oder wie der Phlox – unentwegt Blättchen und Blütenstaub vor sich hin. Aber es gibt sie, die Haltbarkeitskünstler.

Die Große Sterndolde *(Astrantia major)* wildert an den ihr genehmen Standorten problemlos aus, blüht nach einem Schnitt oft ein zweites Mal und eignet sich von üppigen Sommersträußen bis hin zu Trockengestecken für Blumendeko aller Art. Auch

Färberkamille ist prima, viele Sonnenhut-Arten, Mädchenauge *(Coreopsis grandiflora)*, Spornblume, Kugellauch, Jungfer im Grünen. Manche wirken pur, beispielsweise Schmuckkörbchen und Schnittlauchblüten, manche besser mit der passenden Begleitung. Am besten mit solchen, die Sie ebenfalls im Beet haben sollten: auf jeden Fall Schleierkraut und Frauenmantel, Färberkamille, Fette Henne und Katzenminze. Sie alle untermalen in jedem Strauß die eigentlichen Stars, sehen aber auch alleine in der Vase gut aus.

Dazu noch ein, zwei Gräser – zum Beispiel das Zittergras *(Briza media)*, das mit seinen herzförmigen Ähren sowieso wunderschön ist, oder das Nickende Perlgras *(Melica nutans)*. Und an den Sandkastenrand kommen ein paar Nachtkerzen (vielleicht die duftende Art *Oenothera odorata)*: Wenn sie ihre Blüten öffnen, so gegen sieben Uhr abends, ist es Zeit, aufzuräumen und zum Abendessen reinzugehen.

Und wenn die Zeit des Sandkastens und der Kinderspiele vorbei ist, werden Sie keinen Garten-Architekten brauchen, der alles umgestaltet und neu sortiert. Und Sie müssen auch nicht einfach nur Gras drüber wachsen lassen. Ihre selbstständigen Gartenbewohner schaffen das schon ganz allein und schöner als Gras wird es auf jeden Fall.

Noch mehr selbstständige Kinderpflanzen:

- Echte Kamille *(Matricaria recutita)*
- Echtes Labkraut *(Galium verum)*
- Gänseblümchen *(Bellis perennis)*
- Gewöhnliches Katzenpfötchen *(Antennaria dioica)*
- Großer Wiesenknopf *(Sanguisorba officinalis)*
- Hahnenkamm *(Celosia argentea)*
- Klatschmohn *(Papaver rhoeas)*
- Kornblume *(Centaurea cyanus)*
- Lavendel *(Lavandula angustifolia)*
- Minzen *(Mentha)*

Nur schauen, nicht kauen: was zu giftig für einen Garten mit Kindern ist

Verglichen mit anderen Vergiftungen durch Medikamente oder Reinigungsmittel sind Unfälle von Kindern mit Giftpflanzen eher selten. In unseren Breitengraden sind nur wenige Pflanzen wirklich gefährlich. Die meisten verursachen nur ein Brennen im Mund oder Bauchweh, bei anderen bräuchte es viele Kilogramm Pflanzenmaterial für eine wirksame Dosis. Oder es ist in schwer zugänglicher Form gebunden, sodass die Gefahr eigentlich nur theoretisch besteht. Bei der landläufig als extrem gefährlich geltenden Eibe ist das zum Beispiel so: Hauptsächlich die Beeren enthalten das Nervengift Taxin, genauer: die kleinen Kerne, die in der saftig roten Hülle sitzen. Am Stück verschluckt, passiert nichts, denn das Gift wird nur frei, wenn der Kern zerkaut wird. Dann aber schmeckt er so widerlich bitter, dass kaum jemand ihn herunterbekommt, geschweige denn einen zweiten probieren wird.

Aber: Die weitaus meisten Vergiftungsfälle betreffen Babys und Kleinkinder. Die sind viel zu jung, um gelernt zu haben, dass sie Zuckererbsen und Wald-Erdbeeren naschen dürfen, grüne Tomaten oder Lupinenschoten aber nicht. Und immer, wirklich immer, kann man sie auch nicht beaufsichtigen: Das Telefon klingelt und wenn Mutter oder Vater wieder auflegen, sitzt das Kleine nicht mehr im Sandkasten, sondern im Gebüsch. Und stopft sich vergnügt in den Mund, was es so finden kann an Beeren, Blüten und Blättern.

Manche Pflanzen gehören nicht in einen Garten, wenn man kleine Kinder hat:

- Solche, bei denen drei, vier, fünf Gramm reichen als tödliche Dosis;
- die das Gift leicht zugänglich in verlockenden Beeren, Schoten, Blüten enthalten;
- die auf Krabbelhöhe wachsen und leicht mit essbarem Obst und Gemüse zu verwechseln sind;
- bei denen manchmal sogar schon das Gift durch die Haut aufgenommen werden kann;
- wenn ihr Gift schwer nachzuweisen ist und so kaum Gegenmaßnahme und Behandlungen ergriffen werden können.

Das sind folgende Pflanzen:

- **Eisenhut** *(Aconitum napellus),* die giftigste Pflanze Europas. Das Gift Aconitin ist in allen Pflanzenteilen enthalten, kann auch durch die Haut eindringen und führt zu Atem- und Herzlähmung.
- **Herbstzeitlose** *(Colchicum autumnale),* bei der alle Pflanzenteile hochgiftig sind und zentrale Lähmungen, Lungenödeme und Nierenversagen bewirken.
- **Lupine** *(Lupinus polyphyllus),* die Pflanze bildet verlockend aussehende Schoten, die Samen können Herzrhythmusstörungen und Atemlähmungen hervorrufen.
- **Maiglöckchen** *(Convallaria majalis)* mit verlockend roten Beeren in Krabbelhöhe, bei größeren Mengen (ab etwa fünf Beeren) Herzrhythmusstörungen; bei den Blättern besteht Verwechslungsgefahr mit Bärlauch.

- Verschiedene **Schierlingsarten** wie die Hundspetersilie *(Aethusa cynapium)*, der Gefleckte Schierling *(Conium maculatum)* und der Wasserschierling *(Cicuta virosa)* sind typische Gartenunkräuter; sie ähneln sich untereinander sehr und – das ist die Gefahr – auch verschiedenen Suppenkräutern und glatter Petersilie (weswegen zum Beispiel die krause Petersilie gezüchtet wurde); wenige Gramm der frischen Pflanzen können tödlich sein, weil sie Krampfanfälle, Bewusstseinsstörungen oder Atemlähmungen auslösen.

Wenn die Kinder älter werden, sollten sie lernen, nichts zu pflücken oder zu essen, was ihnen nicht ausdrücklich erlaubt ist; etwas größere Kinder, ab der Grundschule etwa, nur das, was sie sicher als ungiftig kennen. Vor allem in einem Garten mit vielen Herumwanderern kann immer mal was dabei sein, das nicht besonders bekömmlich ist. Nur schauen, nicht kauen!

Eisenhut

Schierling

Herbstzeitlose

Lupine

Maiglöckchen

Selbstständig im großen Stil: Blumenwiesen

Bunten Blumen, summende Bienen, zirpende Heuschrecken, würziger Duft: Blumenwiesen waren früher selbstverständlicher Teil unserer Kulturlandschaft: Zweimal im Jahr wurden sie zur Heugewinnung gemäht, dazwischen waren sie Lebensraum für zahlreiche Blumen, Gräser und Kräuter, boten Futter und Unterschlupf für Käfer, Bienen und Schmetterlinge, Vögel, Frösche und viele andere Tiere und waren einfach wunderschön. Heute sind Blumenwiesen selten geworden. Die Landwirtschaft möchte Hochleistungsfutter statt Blümchen. Im Garten ist die Idealvorstellung einer Grünfläche der englische Rasen, der wöchentlich gemäht und regelmäßig vertikutiert, gedüngt und von Unkraut und Moos befreit werden muss, damit er ein grüner Teppich bleibt … Dagegen sind Blumenwiesen äußerst pflegeleicht und damit für das Gärtnern mit selbstständigen Pflanzen genau das Richtige.

Geduld und gutes Saatgut: wie eine echte Blumenwiese entsteht

Was früher in jedem Dorf üblich war, kann so schwer ja nicht sein. Ist es auch nicht. Man braucht eine sonnige Fläche. Und Zeit und Gerät für einen Arbeitseinsatz: Sofern es sich nicht um eine Neuanlage auf offener Fläche handelt, muss die alte Grasnarbe meist abgeschoben werden. Wiesenblumen mögen es nämlich nicht so nährstoffreich wie die zuvor ordentlich gedüngten Rasengräser. Im Frühling ist der beste Zeitpunkt dafür, es ginge aber auch im Spätsommer oder im Frühherbst. Die nackte Erde wird anschließend mit der Harke oder Egge saatfein gemacht und dann wird gesät. Am besten per Hand, als Faustregel zwei bis vier Gramm Saatgut pro Quadratmeter, auf zehn Gramm pro Quadratmeter mit Sand gestreckt, damit es sich schön gleichmäßig verteilen lässt. Nicht einarbeiten, sondern nur anwalzen, ein paar Wochen warten. Fertig.

Klingt doch wirklich leicht. Warum klappt es dann andererseits oft nicht so wie gedacht? Ein Grund ist, dass unter dem Begriff »Blumenwiese« ganz unterschiedliche Vorstellungen existieren – und auch ganz verschiedene Saatgutangebote im Handel sind.

Wenn ein Gartenfachmann von Blumenwiesen spricht, dann meint er einige ganz bestimmte kulturbetonte naturnahe Wiesenpflanzengesellschaften. Normale Menschen haben aber oft ein buntes Sommerblumenmeer vor Augen, mit Klatschmohn und Kornblume und Margerite. Samenmischungen gibt es dafür recht günstig zu kaufen, zur passenden Zeit auch beim Discounter, und manchmal entfaltet sich tatsächlich nach wenigen Wochen eine schnelle Blütenpracht. Im ersten Jahr. Im zweiten kommt dann nur noch sehr wenig, im dritten Jahr fast gar nichts mehr. Weil genau diese Blumenmischungen überwiegend aus einjährigen, schnell auflaufenden Ackerbegleitblumen bestehen, die sich zwar zum Teil selbst wieder aussäen, aber nicht wieder keimen, weil sie dafür auf offene Flächen angewiesen sind. Samen für die eigentlichen Wiesenblumen, die auch in der dann dichten Pflanzendecke und Grasnarbe neu keimen, sind in diesen Mischungen in der Regel nicht enthalten. Und wenn, dann ist das Saatgut so günstig, weil es überwiegend Grassamen enthält oder weil es aus Arten aus ganz Europa zusammengewürfelt ist, von denen bei Weitem nicht alle in jedem westfälischen, fränkischen, mecklenburgischen Garten gedeihen. Das Ergebnis auch in diesem Fall: Gräsermeer statt Blumenteppich.

Der erste Schritt zum Blumentraum ist also auch hier ein bisschen Planung: Lieber kompetent beraten lassen, etwas mehr Geld investieren und das standortgerechte Saatgut von Fachfirmen beziehen.

Wie gesagt, der Wiesenfachmann kann einige Handvoll unterschiedlicher Pflanzengesellschaften unterscheiden. Für den Hausgebrauch reicht die Unterteilung in fett, feucht und mager, wenn Sie Saatgut für Ihren Standort auswählen möchten.

Typisch für **Fettwiesen,** auch Glatthaferwiesen genannt, sind nährstoffreiche Böden, auf denen zum Beispiel die Wiesenflockenblume *(Centaurea jacea)* besonders gut wächst. Sie vermehrt sich durch Wurzelsprosse und dadurch, dass sie ihre Samenfäden, die aus der lila Körbchenblüte entstehen, mit dem Wind in die Welt schütteln lässt; sie haften sich auch an Weide- und Wiesentiere, und wo Ameisen sind, nehmen die auch mal den ein oder anderen Samen mit. Außerdem findet sich hier oft Wiesenpippau *(Crepis biennis)*, ein gelber Korblütler, der optisch schön zur Wiesenmargerite *(Leucanthemum ircutianum)* passt. Diese macht auch auf jungen Wiesen schon viel her, sie bildet Ausläufer und Luftsprosse und besetzt erst mal ein paar Plätze. Nach der Blüte suchen Samen nach noch mehr guten Plätzen.

Auf **Feuchtwiesen** wächst das Wiesenschaumkraut *(Cardamine pratensis)*, zart weiß bis rosa blühend, von Insekten umsummt, Raupenfutter für den Aurorafalter, Wohnung für die Schaumzikade, die in den Spucke ähnlichen Klecksen auf den Blättern lebt. Schön für die Vase und ein schönes Beispiel für Ballochorie (das sind die mit dem Katapult, siehe Seite 20): Aus der Blüte werden Schoten und wenn diese reif werden, steigt der Zellsaftdruck so lange an, bis die Wände der Schote platzen, explosionsartig, und dabei die Samen herausschleudern, mehrere Meter weit. Und falls der Sommer mal nicht mitspielt und die Schoten nicht reif werden, breitet es sich durch Brutknospen an den bodennahen Blättern vegetativ aus.

Auch das Mädesüß mag es feucht, es blüht von Juni bis August mit stark duftenden Blüten. Der Name hat nichts mit süßen Mädchen zu tun oder damit, dass Mädchen es gerne süß mögen. Er kommt von »Mede«, das ist ein altes Wort für feuchte Wiesen. Die Pflanze bildet weiße rispige Blütenstände, die als Wintersteher gelten: Das heißt, die reifen Samen lösen sich erst nach und nach und werden dann von Wind und Wetter und von hungrigen Tierchen verbreitet. Die Samen enthalten recht viel Luft, sind deshalb leicht und schwimmfähig und breiten sich auch mit Wasser aus.

Die Dritte im Bunde der schönen Feuchtwiesenbewohner ist die Kuckucks-Lichtnelke *(Silene flos-cuculi)*, ein rosa blühender Wind- und Tierstreuer mit reichlich Samen.

Magerwiesen heißen Wiesen auf eher trockenen, sandigen und nährstoffarmen Standorten. Hier fühlen sich Wiesensalbei *(Salvia pratensis)* und Wiesenkerbel *(Anthriscus sylvestris)* sowie der Zottige Klappertopf *(Rhinanthus alectorolophus)* wohl, der so heißt, weil seine Samen in den Fruchtkapseln hörbar klappern können, wenn Wind oder Kinder sie hin und her schütteln.

Wenn Sie wissen, wozu Ihr Boden am ehesten gehört, stellen Sie sich danach das Saatgut zusammen. Ein paar besondere Arten und viele Allrounder sollten enthalten sein, und dann überlassen Sie die Arbeit wie gewohnt den Pflanzen selbst. Oder besser: Lassen Sie sich die Mischung zusammenstellen. Von Fachfirmen, zum eigenen Boden passend, zusammengestellt aus gebietsheimischen Arten. Das kostet ein bisschen mehr Geld, lohnt sich aber auf lange Sicht.

Preiswerter wird es, wenn sie nur mehrere »Inseln« mit echten Wiesenblumen anlegen, von denen sie sich dann nach und nach über die ganze Fläche ausbreiten können. Auch hier eine Alternative: Die Schnittgutübertragung, in diesem Fall besser Mähgut- oder Heuübertragung zu nennen. Dafür wird frisches Schnittgut von einer existierenden Blumenwiese, zum Beispiel beim Nachbarn oder bei Bekannten, direkt nach dem Schnitt auf der vorbereiteten, neu anzulegenden Fläche verteilt. Dabei sollten die Ursprungs- und die Zielfläche in etwa gleich groß sein, damit es mit der Samenmenge passt. Wiederum herausgefallene Samen anwalzen und warten, dass sie keimen und wachsen und blühen.

Wenn das Schnittgut nicht so dick aufgebracht wurde, dass es darunter faulen könnte, muss es nicht entfernt werden. Es wirkt dann wie eine Mulchschicht und sichert den neuen Blumenkindern gute Keimbedingungen: Schön feucht ist es, die Temperaturschwankungen sind gemäßigt und bei Starkregen oder Wind wirkt es als Erosionsschutz. Dass es darunter dunkel ist, macht nichts: Auf einer echten Blumenwiese sind es ja meist keine Lichtkeimer, die da aufwachsen sollen. Und den mitumgesiedelten Raupen, Schnecken, Heuschrecken, Spinnen und Käferchen und ihrem Nachwuchs bietet das Schnittgut ebenfalls ein schützendes Dach über dem Kopf. Das Ergebnis ist oft sehr lebendig, aber doch zufälliger, weil nicht unbedingt alle Samen schon reif waren oder manche ein schlechtes Jahr hatten.

Was kann das Gelingen noch beeinträchtigen? Die üblichen Verdächtigen wie schlechtes Wetter, hungrige Vögel, zu viel Unkraut. Gegen Vogelfraß helfen Hoffen und Vogelscheuchen. Auf keinen Fall der hin und wieder kursierende Tipp, vorsichtshalber die doppelte Menge Saatgut auszubringen. Außer dass es teuer ist, machen sich die dann dicht an dicht wachsenden Wiesenblumenkeimlinge auch noch gegenseitig Licht und Nährstoffe streitig.

Was auch geht: Mit Heu oder Strohhäcksel zu mulchen oder eine Schnellbegrünung aus Lein und Klee mit auszusäen – die aber unbedingt nach einigen Wochen gemäht werden muss, weil sie sonst die konkurrenzschwächeren Wiesenblumen überwuchert. Generell ist acht bis zehn Wochen nach der Ansaat der erste Pflegeschnitt fällig, um das Un-Kraut einzudämmen, von dem die junge Blumenwiese in ihrer Anfangszeit nicht verschont bleiben wird; dann müssen regelmäßig weitere folgen. Wurzelunkräuter wie Giersch oder Quecke sollten beim Abschieben entfernt worden sein, aber unter der Erde schlummern immer noch genug Samen, die nun frech und fröhlich keimen und wachsen, und das viel schneller als die gewünschten Wildblumen und Wildgräser. Hat sich aber die Pflanzendecke der Wiese einmal geschlossen, ist das meist kein Thema mehr.

Letztes Problem: zu trockenes Wetter. Die meisten Samen brauchen es gleichmäßig feucht, damit sie keimen. Regelmäßiges Wässern ist keine Option, abgesehen davon, dass es auf großen Flächen auch aufwendig und teuer ist. Es verwöhnt die jungen Pflanzen und behindert die ausreichende Wurzelbildung. Säen Sie deshalb am besten dann, wenn die Großwetterlage ausreichend Regen verspricht.

Und haben Sie Geduld. Die Entwicklung der Wildpflanzen erstreckt sich über eine ganze Vegetationsperiode, manche Samen keimen sogar erst nach dem Winter, weil sie einen Kältereiz brauchen. Erst nach drei Jahren lässt sich abschließend sagen, ob die Blumenwiese gelungen ist.

Generell sollte eine Blumenwiese dann zweimal im Jahr gemäht werden; die Schnitthöhe sollte acht bis zehn Zentimeter nicht unterschreiten. Wird zu selten gemäht, dann setzen sich konkurrenzstarke Gewächse durch und Gräser. Wird zu oft gemäht, erwischt man zahlreiche Pflanzen vor der Samenreife, sodass sie sich nicht mehr verjüngen können. Das Ergebnis ist jeweils das gleiche: Von den bunten Wiesenblumen bleibt nicht viel übrig.

Allgemein empfohlen wird das Mähen mit der Sense, es schont Insekten, Amphibien und was sonst noch in so einer Blumenwiese kreucht und fleucht. Für große Flächen ist ein Balkenmäher die ökologisch beste Alternative. Das Schnittgut lässt man liegen, bis es zu Heu getrocknet ist; es sei denn, jemand möchte es für eine weitere neue Blumenwiese haben. Das Heu muss abtransportiert werden. Sonst reichern sich zu viele Nährstoffe im Boden an, was wieder nur die konkurrenzstärkeren Arten bevorzugen würde. Das Heu kann verfüttert werden oder in den Schnellkomposter. Auf den Kompost oder als Mulch auf die Beete sollte es nicht, weil sich dann die Samen allzu üppig im Blumen- oder Gemüsegarten verteilen würden. Dass die ein oder andere Wiesenblume sich woanders ein Plätzchen sucht, ist allerdings zu hoffen.

Gemäht wird Anfang Juni und Ende August, wobei der richtige Zeitpunkt auch witterungsabhängig ist. Als Faustregel kann man sich merken: dann, wenn die Blumenwiese am schönsten ist. Besonders wenn die Fläche eher groß ist, kann man beim Mähen ein bisschen flexibel sein, ohne der Blumenwiese zu schaden. Man muss nicht immer alles komplett zum selben Zeitpunkt mähen: im Frühjahr ein paar blühende Inseln stehen lassen oder im Spätsommer einen Saum, in den verblühten Stängeln finden Insekten im Winter ein warmes Plätzchen und die Vögel Samen zum Picken. Oder regelmäßig einen Sitzplatz oder ein paar Wege frei halten … Denn Blumenwiesen sollten möglichst wenig betreten werden; für regelmäßige Fußball- oder Federballmatches sind sie überhaupt nicht geeignet. Auch aus Sicht der Sportler übrigens nicht, denn in knietiefem Blumen-Gräser-Meer spielt es sich nicht gut und ständig muss man den Ball suchen.

Weitere selbstständige Wiesenpflanzen:

- Echtes Labkraut *(Galium verum)*
- Echte Schlüsselblume *(Primula veris)*
- Gamander-Ehrenpreis *(Veronica chamaedrys)*
- Großer Wiesenknopf *(Sanguisorba officinalis)*
- Heidenelke *(Dianthus deltoids)*
- Hornklee *(Lotus corniculatus)*
- Kriechender Günsel *(Ajuga reptans)*
- Taubenkropf-Leimkraut *(Silene vulgaris)*
- Wiesen-Glockenblume *(Campanula patula)*
- Wilde Malve *(Malva sylvestris)*

Ballspielfreundlich und blumenbunt: Blumenrasen als Kompromiss

Für alle, die Blumenwiesen lieben, aber eine Rasenflächen zum Benutzen möchten, gibt es zum Glück ein Zwischending: ein sogenannter Blumen-Kräuter-Rasen, der aus insgesamt robusteren und niedriger wachsenden Arten besteht und es auch verträgt, öfters im Jahr gemäht zu werden. Im Juni und vor allem Ende August sollte man die Kräuter allerdings möglichst einmal ausblühen lassen. Auch hier stellen Sie sich am besten das Saatgut per Baukastensystem beim Fachhändler zusammen.

Mit dabei sein können, sollen und dürfen: der ausdauernde, krautige gelb blühende Hornklee *(Lotus corniculatus);* seine Hülsenfrüchte sind hornförmig gekrümmt, deswegen der Name – und viele andere Kleesorten: Hopfenklee *(Medicago lupulina),* der silbrig puschelig blühende Hasenklee *(Trifolium arvense),* Goldklee *(Trifolium aureum)* und Wiesenklee *(Trifolium pratense).* Dazu das Kleine Habichtskraut *(Hieracium pilosella),* das von ferne wirkt wie Löwenzahn. Löwenzahn selbst passt natürlich auch und Echtes Labkraut *(Galium verum),* ebenfalls ausdauernd. Es blüht in gelben duftenden Rispen, ist Insektenweide und vermehrt sich über unter- und oberirdische Ausläufer; die schwarzen kleinen Samen reifen bis in den Oktober und werden von Ameisen verbreitet. Leckere Elaiosomen auch noch im Herbst!

Die Rote Lichtnelke *(Silene dioica)* ist zweijährig, bildet Kapselfrüchte und verstreut ihre Samen mit dem Wind – oder ins Wasser, weswegen sie auch oft entlang von Bächen und Flüssen wächst, sie blüht allerdings eher pink als rot. Die Moschus-Malve *(Malva moschata)* bringt Lila-Töne dazu. Sie verbreiten sich hauptsächlich über Samen – also nicht zu viele Blüten ernten für die Vase, sondern einige stehen und reifen lassen. Die Früchte werden bei Regenwetter besonders gut auf die Reise geschickt: Der Kelch wird feucht und quillt auf, die Samen herausgespült, und weil sie durch die Nässe schleimig klebrig werden, heften sie sich Tieren ans Fell und an die Pfoten und kommen so auf der ganzen Wiese herum.

Weitere Selbstständige für den Kräuterrasen:

- Echte Schlüsselblume *(Primula veris)*
- Ehrenpreis *(Veronica officinalis)*
- Frauenmantel *(Alchemilla vulgaris)*
- Herbstlöwenzahn *(Leontodon autumnalis)*
- Kriechender Günsel *(Ajuga reptans)*
- Orangerotes Habichtskraut *(Hieracium aurantiacum)*
- Rundblättrige Glockenblume *(Campanula rotundifolia)*
- Schafgarbe *(Achillea millefolium)*
- Spitzwegerich *(Plantago lanceolata)*
- Wiesensalbei *(Salvia pratensis)*

So rot wie Mohn: Tricksen mit Stauden

Woher es auch immer kommen mag, dieses Bild im Kopf, dass zu einer richtigen Blumenwiese Mohnblumen und Kornblumen gehören? Irgendwie wäre es ja doch schön. Obwohl wir mittlerweile wissen, dass Mohn und Co. in der dichten Pflanzendecke einer Wiese nur im ersten Jahr blühen würden und dann nie wieder. Weil sie keinen offenen Boden zum Keimen haben.

Man kann sich damit abfinden, dass darauf eben kein Mohn blüht, wenn man eine Blumenwiese hat. Oder Jahr für Jahr Erde frei kratzen und eine Sommerblumenmischung nachsäen. Oder Tricksen mit Stauden.

Der Türkische Mohn *(Papaver orientale)* ist nicht einjährig, sondern ausdauernd. Er blüht in einem faszinierenden, dunklen Rotton ungefähr im Juni, zeitgleich mit den Gräsern. Danach zieht er fast vollständig ein – was im normalen Beet eine ziemliche Lücke hinterlässt, in der Wiese aber kaum auffällt. Und: Man kann jetzt einfach darübermähen. Im Herbst bildet sich frisches Laub, mit dem er überwintert und dann im Frühling erneut an den Start geht.

Ähnlich machen es Stauden-Margeriten, die einfach heruntergeschnitten werden, wenn sie unansehnlich sind, und schon im Februar mit neuen Tochterpflanzen und Trieben an den Start gehen.

Klatschmohn und Kornblumen brauchen offene Böden zum Keimen. Auf der Wiese wird das nichts.

Kornblumenblaue Akzente ohne Säen bringt der Staudenlein, der vollsonnige, trockene und magere Standorte besonders gern mag und sich dort auch zuverlässig immer wieder selbst aussät. Oder die Wegwarte *(Cichorium intybus)*, auch als Zichorie bekannt: Eine eher große, sparrig verzweigte Pflanze mit himmelblaulila Körbchenblüten. Der Sage nach eine verzauberte Edeldame, die am Wegesrand vergeblich darauf wartet, dass ihr Liebster wieder zu ihr zurückkehrt. Oder Borretsch? Auch den gibt es als Staude *(Borago pygmaea)*. Genauso wie Rucola in Gelb oder Weiß.

Alle in der Wiese versenken und drum herum mähen, und schon ist die künstliche Sommerblumenwiese perfekt. Sieht toll aus und Insekten lieben sie auch. Was davon dann bleibt, sich erhält oder weiterverbreitet, sehen Sie von Jahr zu Jahr. Gefällt es Ihnen, lassen Sie es so, wenn nicht, greifen Sie ein, setzen Sie um, neu oder raus. Ihre Pflanzen sind selbstständig, aber Sie sind der Gärtner.

Gänseblümchen: der Klassiker und auch im Rasen schön

Ganz ähnlich wie mit der Mohnwiese ist es mit der Gänseblümchenwiese. In der Natur gibt es sie nicht wirklich, auf einer echten Blumenwiese schon gar nicht, aber schön ist sie schon. Und auch eine gute Möglichkeit, den englischen Rasen aufzuschmücken, wie es etwas abfällig im Fachjargon heißt, wenn man sich doch nicht wirklich an die Wiese herantraut oder nur eine zu kleine Fläche zur Verfügung hat. Gänseblümchenrasen geht auch auf fünf Quadratmetern im akkurat getrimmten Vorgarten-Rasen und erträgt auch spielende Kinder.

Eigentlich brauchen Sie gar nichts zu ändern, Gänseblümchen mögen es schön fett und nährstoffreich und können gar nicht oft genug gemäht werden. Das sollten sie auch. Wird das Gras zu hoch, verschwinden sie ziemlich schnell, weil sie nicht genug Licht und Luft bekommen. Mähen fördert auch die Verbreitung: Selbst in den geköpft am Boden liegenden Blüten reifen noch die Samen, der Regen – oder der Rasensprenger – schleudert sie aus den Blüten heraus und schwemmt sie über die ganze Rasenfläche. Und die Rosette, vom Mähwerk unbehelligt, treibt schon längst die nächste Blüte.

Wer noch keine hat, sät sie einfach oder holt sich vom Nachbarn einen Haufen Rasenschnitt mit Gänseblümchenköpfen.

Klee in Weiß und Rot und Löwenzahn kommen meist schnell von alleine dazu, sie mögen ebenfalls schön gedüngte Böden und nehmen das regelmäßige Mähen nicht übel.

Und wer mag, versenkt im Herbst unter der Rasendecke Frühlingsblumenzwiebeln. Schneeglöckchen, Krokusse und Osterglocken lassen die Wiese schon im früh im Jahr erblühen und zur ersten Mahd haben sie längst eingezogen. Die Gänseblümchen selbst blühen dann fast bis in den Winter.

Blüten vom zeitigen Frühjahr bis späten Herbst

Besonders beeindruckend sind sie in Parks, botanischen Gärten und Schlossanlagen: die Frühlings-Blütenmeere aus Krokussen, Winterlingen, Hyazinthen und Osterglocken. Kann man auch im Garten haben. Ideal sind – wie in den Parks – Standorte unter Bäumen und Sträuchern. Wichtig ist, dass sich dort kein Wasser staut, vor allem nicht über den Sommer, dann verfault der Zwiebel-Frühling. Ausnahme sind die Schachbrettblumen: Sie lieben nasse Füße und sind dann kaum zu bremsen.

Freie Rasen- oder Wiesenflächen eignen sich auch, wichtiger als Laubschatten im Sommer ist ausreichend Licht zur Blütezeit. Ausreichend Licht heißt reichlich Photosynthese, viel Energie und damit starke Zwiebeln, die gut über den Sommer und den nächsten Winter kommen, damit sie im nächsten Jahr wieder leuchten und blühen. Damit das klappt, muss die Blume nach dem Blühen »einziehen«, so heißt die Phase, in der sie schlapp, welk, gelb und strohig alle Blätter hängen lässt. Schön ist das nicht. Aber wichtig.

Wird das Laub zu früh abgeschnitten, gehen die Frühblüher ein. Wie ein Igel, der sich vor dem Winterschlaf keinen Speck anfuttern konnte. Wenn die Blätter beim Berühren wie von alleine abfallen, dann ist es so weit. Das dauert in der Regel fünf bis sechs Wochen.

Auf einer Wiese kein großes Problem, gemäht wird eh erst im Juni und die sprießenden Gräser, Kräuter und Wiesenblumen überdecken den trostlosen Anblick rasch. Anders beim Rasen, vor allen Dingen, wenn hier als Nächstes die Gänseblümchen ihren Auftritt haben sollen, der umso erfolgreicher wird, je kürzer das Gras und je häufiger die Mahd.

Ein guter Kompromiss ist es, die Frühblüher in Inseln oder Streifen zu setzen, sodass eben nur einige Bereiche erst mal nicht gemäht werden, andere dafür schon. Allerdings wird, wer mit selbstständigen Zwiebelblühern arbeitet, es schwer haben, die Reihen geschlossen zu halten, weil sich der Nachwuchs seinen Platz irgendwo auf der Wiese selbst sucht oder von Ameisen suchen lässt. In lockeren Inseln oder Streifen sieht es allerdings ohnehin besser aus als die sehr ordentlichen, zum Teil nach Farbe sortierten, kreisrunden und klar abgegrenzten Tuffs mancher Stadtparks.

Auch möglich: nur auf sehr frühe Sorten setzen. Die sind dann auch schon wieder sehr früh fertig mit dem Einziehen; das Schneeglöckchen *(Galanthus nivalis)* zum Beispiel bis spätestens im April. Bis dahin sind auch die dicken Samenkapseln reif, die ebenfalls unbedingt stehen bleiben müssen. Das gilt für alle Frühblüher: Blüten und Fruchtstände nicht abschneiden, auch wenn es immer hieß und heißt, es koste die Pflanze zu viel Kraft, Samen zu bilden. Wer sich Sorgen um seine Zwiebeln macht, gibt ihnen lieber ein bisschen Kompost, das mögen sie sowieso alle ganz gerne, Schneeglöckchen besonders.

Wer Krokusse und Schlüsselblumen liebt, sollte auch Ameisen mögen.

Schneeglöckchen und Co. kommen immer wieder, ja, und sie vermehren sich auch über Brutzwiebeln. Aber dass sie immer weitere Kreise auf der Wiese ziehen und wie vom Künstler arrangiert mal hier, mal da und überall auftauchen, passiert nicht, weil auf der Packung stand »zum Verwildern geeignet«. Sondern nur, wenn sie Samen bilden und die sich auch verbreiten können. Oder verbreitet werden. Oder sich verbreiten lassen. Schneeglöckchen machen das per Ameisentaxi. An jedem Samen hat die Pflanze ein kleines Anhängsel gebildet: ein süßes, fettes, vitaminreiches sogenanntes Ameisenbrötchen (siehe auch Seite 26).

Und genauso machen es ganz viele andere Frühblüher, Krokusse, Narzissen, Buschwindröschen, Schlüsselblumen. Beim Verwildern nachhelfen können Sie als Gärtner also auch, indem Sie sich gut mit den Ameisen stellen. Und natürlich, indem Sie nach der Blüte die Horste teilen und die Zwiebelchen an neue Orte setzen.

Frühblüher passen auch ins Staudenbeet. Die ab dem Frühjahr in die Höhe treibenden anderen Pflanzen breiten freundlich ein Deckmäntelchen über den unschönen Anblick beim Einziehen. In ein mit selbstständigen Stauden bepflanztes Beet passen Osterglocke und Co. sogar besonders gut. Wenn die Pflanzen alleine klarkommen, muss der Gärtner wenig ackern, eingraben, ausgraben, teilen, stutzen, aufbinden und stützen. Und trampelt den sommerschlafenden Zwiebeln dann auch wenig auf dem Kopf herum. Er gräbt keine hoch oder zersticht sie mit seinem Spaten oder Unkraut-Jäte-Gerät. Das mögen sie nämlich überhaupt nicht.

Auch Krokusse sind verhältnismäßig früh mit Blühen und Einziehen durch, sie säen sich zuverlässig aus und verteilen sich per Ameisentaxi über den ganzen Garten. Nicht alle, aber viele Sorten. Von Garten zu Garten sind es durchaus unterschiedliche, weswegen es nicht schadet, einfach einen Schwung verschiedener Lieblingssorten zu setzen und dann zu schauen, welche das Rennen machen. Relativ sicher klappt es mit Elfenkrokus *(Crocus tommasinianus),* Frühlingkrokus *(Crocus vernus)* und dem Balkankrokus *(Crocus chrysanthus).*

Narzissen machen nicht ganz so schnell so viel Strecke, sie versamen sich mehr im Nahbereich. Ihre Früchte sind aufrechte Kapseln, die aufreißen, wenn sie reif sind. Ein Windstoß oder ein Rempler von der Katze, und die Samen fallen heraus. Und keimen hoffentlich, wo sie gelandet sind. Sehr gut klappt das bei den kleinen Dichternarzissen *(Narcissus poeticus)* oder der Zwergnarzissensorte 'Tête à Tête' *(Narcissus cyclamineus).*

Bei den Traubenhyazinthen *(Muscari)* sehen die Samenstände nach der Blüte immer noch apart aus, wie minikleine Mondtaler. Wind und Regen schleudern die kleinen schwarzen Samen heraus. Bereits nach wenigen Jahren tauchen sie an den überraschendsten Stellen auf.

Tulpen tun sich insgesamt schwer mit der Selbstständigkeit, weil die meisten auf tolle Optik gezüchtet werden und nicht nach Langlebigkeit. Auch die Wildtulpen oder botanischen Tulpen, wie sie auch manchmal genannt werden, sind eigentlich Steppenpflanzen. Und diesen sind unsere Sommer einfach oft zu feucht, zumindest um sich weit und üppig über den Garten zu verteilen. Die vom Wind verteilten Samen finden nicht immer die passenden Keimbedingungen und für Ausläufer und Brutzwiebeln reicht die Kraft nicht oder sie verfaulen, bevor sie groß sind. Fürs Wiederkommen an passenden Standorten sind aber diese einen Versuch wert: die gelbe Weinbergtulpe *(Tulipa sylvestris),* die tatsächlich auch noch wild vorkommt, im Elsass zum Beispiel. Die Mehrblütige Tulpe *(Tulipa praestans)* blüht früh und rot, die Sterntulpe *(Tulipa tarda)* ist klein und trägt gelb-weiße Blütensterne, *Tulipa schrenkii* hat recht große, rot-gelbe Einzelblüten.

Und für den Herbst, wenn der Gehölzschatten sich langsam lichtet, stecken Sie, wenn gewünscht, ab August Zwiebeln der rosa oder weiß blühenden Herbstzeitlose *(Colchicum autumnale)* in den Boden. (Aber bitte im Frühling nicht mit den Blättern des Bärlauchs verwechseln!)

Und im Herbst blühende Krokusse: Die gibt es ja auch. Sie sehen genauso aus wie die bekannten Frühlingsboten und vermehren und verbreiten sich auch genauso freudig. Der weiße *Crocus pulchellus* und der hellviolette *Crocus ligusticus* zeigen sich ab September; der lilablaue Safrankrokus *(Crocus sativus)* blüht bis in den November hinein. Eingezogen haben die Herbstkrokusse meist bis zum Mai. Wie alle Krokusse mögen sie es sonnig, durchlässig und eher warm. Sie sind – weil wintergrün – dankbar für eine Decke aus Reisig für die kalte Jahreszeit. Herbst blühende Krokusse sollten möglichst im August oder September gepflanzt werden, damit sie sich optimal entwickeln. Und weil sie echte Schnellstarter sind, blühen sie meist schon im ersten Jahr.

Schön ist auch der gelb blühende Goldkrokus *(Sternbergia lutea),* der zwar botanisch kein echter Krokus ist, aber so ähnlich aussieht. Er blüht im September und Oktober und ist ein wenig empfindlich gegen Winterkälte. In durchlässigem, lockerem und warmem Boden hält er sich aber gut und verbreitet sich stetig weiter.

Wie immer allerdings, ist gut geplant und richtig gepflanzt die halbe Blüte. Wie gepflanzt wird, steht meist auf den Packungen, wer Zwiebeln lose kauft oder ertauscht oder geschenkt bekommt, kann mit dieser Faustregel arbeiten: Wurzeln nach unten, Spross nach oben und die Zwiebeln zweimal so tief eingraben, wie ihr Durchmesser misst.

Wer ein Beet neu anlegt, ist fein raus: Boden entsprechend tief abtragen, lockern und vielleicht etwas Kompost einarbeiten, die Zwiebeln hineinlegen – oder werfen, das sieht dann von Anfang an natürlich aus. Mit Erde auffüllen, fertig. Auf einer Wiese Grassoden abstechen, hochklappen und genauso verfahren, zum Schluss den Grasdeckel wieder aufsetzen. Zwischen alteingesessenen Baumwurzeln und Staudenrhizomen kann es schwierig werden. Dann empfiehlt sich ein Blumenzwiebelstecher; eine Eisenstange tut's aber auch. Löcher in der passenden Tiefe in die Wiese oder zwischen die Blumen stechen, Zwiebeln rein, lockere Erde drauf. Wichtig ist der richtige Zeitpunkt und dass die Zwiebel bis dahin richtig gelagert wurde, trocken, wenn sie es trocken will, feucht, wenn sie feucht bleiben muss. Womit klar ist, dass es nicht zu empfehlen ist, Angebots-Misch-Beutel im August im Discounter zu kaufen. Auf der sicheren Seite ist man beim Fachhandel, wo man zum passenden Zeitpunkt einkaufen oder auf dem Bestellzettel das Kästchen »zum besten Pflanzzeitpunkt versenden« ankreuzen kann.

Wenn es gut läuft, muss man nach den ersten Jahren nie wieder welche kaufen. Schneeglöckchen, Osterglocken, Traubenhyazinthen und ein paar Wildtulpen sind dann so auf Trab, dass Sie sich darauf verlassen können: Die Pflanzen werden irgendwo auftauchen und blühen, wenn es Zeit ist. Überall und immer mehr.

Mehr selbstständige Zwiebelblumen und Frühblüher:

- Bärlauch *(Allium ursinum)*
- Buschwindröschen *(Anemone nemorosa)*
- Dolden-Milchstern *(Ornithogalum umbellatum)*
- Hasenglöckchen *(Hyacintoides non-scripta)*
- Hohe Schlüsselblume *(Primula eliator)*
- Leberblümchen *(Hepatica nobilis)*
- Märzenbecher *(Leucojum vernum)*
- Schachbrettblume *(Fritillaria meleagris)*
- Winterling *(Eranthis hyemalis)*
- Zweiblättriger Blaustern *(Scilla bifolia)*

Aus dem Topf in die Selbstständigkeit: wohin mit den Frühblühern von der Fensterbank?

Wenn es draußen noch eisig ist und kalt, lassen wir gerne auf der Fensterbank oder im Wintergarten den Frühling blühen: Tulpen, Traubenhyazinthen, Krokusse und Narzissen werden, in Töpfen vorgetrieben, ab Jahresanfang in allen Farben und Formen angeboten. Sind sie verblüht, wandern sie oft auf den Kompost.

Könnte man sie nicht einfach auspflanzen? Schließlich wachsen alle Arten ohnehin in unseren Gärten, jahrelang und ohne viel Pflege.

Allerdings sind die vorgetriebenen Blumen, ihrer inneren Uhr nach, schon im späten Frühling. Denn in den Gärtnereien wurde ihnen schon im Herbst mit künstlicher Kälte die Winterruhe vorgespielt, im warmen Glashaus und dann bei uns im Haus der Frühlingsbeginn. Den noch frostigen oder zumindest niedrigen Temperaturen im Freien sind sie nicht gewachsen, zumindest nicht im selben Jahr.

Sie lassen sich zwar auspflanzen, aber nicht »einfach« so. Sondern so: Düngen Sie den Frühlingsboten während der Blüte regelmäßig, dann bleibt die Pflanze und auch die Zwiebel bei Kräften. Blühen ist anstrengend und in den oft sehr kleinen Töpfen stehen den Zwiebeln deutlich weniger Nährstoffe zur Verfügung als draußen in der Erde. Schneiden Sie die Blüten ab, sobald sie verwelkt sind. In diesem Fall ist es besser, dass die Zwiebel nicht zusätzlich Energie und Nährstoffe in die Samenbildung steckt; die Blätter bleiben wie gewohnt dran, bis sie vergilbt und vertrocknet sind – dann hat sie »eingezogen«, also alle Nährstoffe aus den Blättern in die Zwiebel zurückgeholt, um sie dort bis zum neuen Austrieb im nächsten Frühjahr zu speichern. Am besten stehen die Töpfe dabei hell und kühl. Und: immer mal wieder gießen und düngen.

Mit etwas Glück ist es jetzt auch draußen Frühling geworden und der Boden ein bisschen angewärmt. Setzen Sie dann die Zwiebeln samt der durchwurzelten – und gut feuchten – Erde an ihren neuen Bestimmungsort. Je nach Art haben die Zwiebelblumen unterschiedliche Vorlieben: Schneeglöckchen mögen Gehölzränder, Krokusse lichte Wiesen, Traubenhyazinthen und Tulpen warme und durchlässige Ecken. Gut andrücken, regelmäßig gießen und noch ab und an düngen.

Sollte sich der Winter sehr lange halten, können Sie die Zwiebeln auch in einem großen Blumenkübel mit frischer Erde Kraft schöpfen lassen; manche Gärtner parken sie auch einfach am Rand des Komposthaufens: Dort ist es schon früh schön warm und es gibt reichlich »Futter«. Oder Sie lassen die Zwiebeln im Topf den Sommer an einem kühlen, dunklen Ort verschlafen, in der Garage, im Schuppen oder im Keller. Wichtig: Töpfe beschriften, damit sie bei einer sommerlichen Schuppenaufräumaktion nicht aussortiert werden und doch noch im Müll landen.

Für alle drei Varianten gilt: Ab September, zur normalen Zwiebelblumenpflanzzeit, werden sie aus dem Sommerschlaf geweckt, aus den Töpfen geholt, von alter Erde befreit und an ihren neuen Platz im Garten eingesetzt.

Bei den größeren Zwiebelblumen wie Tulpen und Hyazinthen gelingt es nicht immer, manchmal sind sie einfach weg, manchmal blühen sie nur spärlich oder es kommen nur Blätter. Schneeglöckchen, Traubenhyazinthen, Narzissen oder Krokusse meistern den Umzug in der Regel problemlos und erfreuen ihre Retter jahrelang mit immer mehr Blüten.

Auch andere typische Fensterbankblumen schaffen es oft: die dicken Bellis-Gänseblümchen, Hornveilchen und natürlich Primeln aller Art, diese sogar erstaunlich gut. In meinem Garten gibt es zum Beispiel eine, die ich gleich, nachdem ich sie geschenkt bekommen habe, noch im tiefen Winter nach draußen gepflanzt habe. Sie hat lila Tiffi-Blüten und ich fand sie – zugegeben, nicht edel, aber ehrlich – hässlich. Wegschmeißen wollte ich sie nicht, also habe ich sie ausgesetzt, in der leisen Hoffnung, dass sie erfriert. Ist sie aber nicht. Sie kommt seit Jahren jedes Jahr wieder, früher als all meine naturgelben Schlüsselblumen und Gartenprimeln und mittlerweile würde mir etwas ohne sie fehlen.

Und auch der millionenfach auf Neujahrs-Frühstückstischen stehende Silvester-Glücksklee *(Oxalis tetraphylla)* ist eine durchaus selbstständige Pflanze. Nach der Party ins Winterquartier, nach dem Winter nach draußen. Ideal ist ein heller, halbschattiger, geschützter Platz, im Steingarten, im Beet, unter größere Kübelbewohner gepflanzt. Dort bildet er grüne Kissen und blüht im Sommer wunderschön weiß oder rosarot, je nach Sorte. Allerdings ist er nicht besonders winterhart. Deshalb seine kleinen Zwiebelknöllchen rechtzeitig vor den ersten Frösten wieder ausgraben und wie Dahlien im kühlen dunklen Keller überwintern. In Töpfen übersommerter Klee kommt einfach wieder ins Winterquartier und darf als Silvesterdeko für ein paar Tage ins Haus.

Kleinselbstständig: für Teilbereiche oder wenig Platz

Der ganze Garten soll gar nicht selbstständig sein? Eigentlich nur ein Beet, mit dem Sie gerne weniger Arbeit hätten? Oder ein paar Pflanzen, weil im Schrebergarten der größte Teil für den Anbau von Obst und Gemüse draufgeht? Oder Sie haben insgesamt nur einen kleinen Garten, und damit meine ich wirklich klein: die Terrasse mit Grünstreifen am Reihenhaus zum Beispiel oder sogar nur einen Balkon. Für alle diese Fälle gibt es genügend Möglichkeiten.

Ringelreihen statt Pflanzplan: im Staudenbeet

Ein Staudenbeet, das alleine klarkommt, das vom Frühling bis zum Winter die Jahreszeiten abdeckt, das ist das Ziel. Wichtiger als die Platzwahl oder gar Pflanzpläne mit ausgeklügelten Höhenstaffelungen und mit Farbverläufen, die sich wellenförmig mosaikartig ausbreiten, mit Rhythmus der Farben und Blütenformen und mit Leitstauden, die das Ganze optisch zusammenhalten – wichtiger als all das ist für unsere Zwecke die Arten- und Sortenwahl. Den richtigen Platz finden, das machen die Pflanzen, wenn es die richtigen sind, von ganz allein. Und gut sieht es auch meistens aus und wenn nicht, dann können Sie immer noch umsortieren. Klar sollten die Kleinen nach vorne und die Großen nach hinten. Aber wenn es sich mal mischt, kann es auch seinen Reiz haben, und wenn außer der Christrose im Winter nichts anderes blüht, noch nicht einmal Blätter aus der Erde streckt, sehen Sie die niedrige Staude auch, wenn sie in der hintersten Ecke wächst. Erlaubt ist erst mal, was gefällt.

Stark ausläuferbildende Pflanzen wie beispielsweise das Große Immergrün sind weniger zu empfehlen, vor allem wenn die Fläche sehr klein ist. Oder Sie beschränken sich auf wenige Arten, die sich gegenseitig in Schach halten und dann auch an anderen Stellen rund um Haus und Hof noch mal auftauchen wie ein Zitat. Hier ein Vorschlag für Blüten rund ums Jahr:

Den Anfang macht die Christrose, auch Schwarze Nieswurz *(Helleborus niger)* genannt. Sie ist eng verwandt mit anderen Nieswurz-Arten, die eher unscheinbar blühen, aber natürlich auch ihren Platz bekommen können. Aus den großen weißen Blüten der Christrose bilden sich Samen, die im Frühsommer reif werden und samt Ameisenbrötchen zur Erde fallen. Da wächst dann aber schon viel anderes um sie herum.

Es folgen Zwiebelblüher wie Traubenhyazinthen und Narzissen, dazu Vergissmeinnicht oder Veilchen, Frauenmantel und die Wilde Indianernessel *(Monarda fistulosa)*, die sich regelmäßig immer wieder aussät. Dazwischen reichlich Kugellauch *(Allium aflatunense)*, der mit seinen Deko-Kugeln auch gut aussieht, wenn kurzfristig mal gar nichts anderes blüht. Er mischt seine verschiedenen Farben von Dunkellila bis Hellviolett selbst, wenn man ihn lässt und mit ein bisschen Kompost stärkt. Die Sämlinge laufen recht dicht auf und sollten vereinzelt werden, sonst werden sie alle nur ein

bisschen was, aber keiner so richtig schön. Ganz ähnlich macht es der kleinere Schnittlauch, der auch in Weiß bis Dunkellila blüht und sich ebenfalls sehr reich versamt und keineswegs nur im Kräuterbeet gut zu haben ist, sondern auch im Stauden- und im Steingartenbeet. Und der natürlich eine gute Alternative zum großen Kugellauch ist, wenn Ihr Beet wirklich sehr, sehr klein sein sollte.

In dem Fall nehmen Sie zudem statt großer Glockenblumen kleine Sorten, statt Drei-Meter-Staudensonnenblumen für den Hochsommer kleine Sonnenhüte. Auch von der hohen Fetthenne *(Sedum telephium),* die erst im Herbst so richtig fett wird und dann mit großen, flach gewölbten, rostroten Blütenschirmen bis in den Winter die Stellung hält, gibt es Sorten und andere Sedum-Verwandte, die etwas weniger voluminös werden. Und für Groß, Klein und ganz Klein zu empfehlen: die Wald-Erdbeere, die ihr grünes Laub, die weißen Blüten und die roten Beeren mit Ausläufern elegant und unaufdringlich in jede Nische wandern lässt.

Apropos Nischen: Einjährige Lichtkeimer werden wenig Gelegenheit finden, ihren Sommertanz aufzuführen. Aber säen Sie ruhig immer mal welche aus, als Samenbank im Boden oder halten Sie welche bereit. Wenn eine der Stauden das Zeitliche segnet, gibt es auf einmal doch ein offenes, helles Plätzchen für Ringelblume, Mohn und Co. – und die Lücke ist schnell wieder geschlossen.

Mehr selbstständige Pflanzen fürs Staudenbeet:

- Akelei *(Aquilegia vulgaris)*
- Bergaster *(Aster amellus)* und andere Asterarten
- Kissen-Primel *(Primula vulgaris)* und andere Primula-Arten
- Lampionblume *(Physalis alkekengi)*
- Nickende Distel *(Cardus nuutans)* und andere Distelarten
- Roter Fingerhut *(Digitalis purpurea)*
- Spanisches Gänseblümchen *(Erigeron karvinskianus)*
- Thymian (Thymus-Arten)
- Türkischer Mohn *(Papaver orientale)*
- Winterling *(Eranthis hyemalis)*

Gefolge für die Königin: im Rosenbeet

Rosen auf nackten Mulch und einzeln ins Beet zu stellen, das macht heute wahrscheinlich (fast) keiner mehr. Vorteil an dieser Methode war allerdings, die Qual der Wahl zu umgehen, mit wem man sie denn ins Beet stellt. Rosen sind die Hauptpersonen und sie brauchen ein Gefolge. Dieses sollte ihnen keinesfalls die Show stehlen, aber auch nicht zu unscheinbar sein, sondern ihren Auftritt wirkungsvoll begleiten. Und sich natürlich wohlfühlen und deshalb ähnliche Ansprüche an den Standort haben: Rosen mögen es nährstoffreich und durchlässig, schön sonnig und nicht zu feucht, nicht zu trocken, sondern genau richtig. Weswegen ihr Dauerpartner Lavendel eigentlich so gar nicht passen dürfte, weil er es gerne eher trocken, sandig und mager mag – aber irgendetwas scheint er an den Blumenköniginnen zu finden. Bei mir und auch in vielen anderen Gärten leben die beiden gerne zusammen. Lavendellila und Rosenrot oder Rosa passen einfach gut zusammen, auch der buschige Wuchs, das silbrige Laub und die kleinen Blütenkerzen passen perfekt zu den großen, prächtigen Blüten auf den langen Stielen. Ähnlich gut harmonieren Dolden oder Rispen bildende Stauden, auch das wolkig blühende Schleierkraut ist ein beliebter Begleiter. Selbstbewusste Gärtner kombinieren die Königin der Blumen mit dem König der selbstständigen Pflanzen, mit Giersch.

Wo Gelb besser passt, zu weißen Rosen zum Beispiel oder auch zu allen Orange-Tönen, ist Rainfarn *(Tanacetum vulgare)* zu empfehlen. Er ist kein Farn, sondern ein Doldenblütler, der wild an Rainen, Wegen und Böschungen wächst. Er ist robust und sein Kamille-Schafgarbe ähnlicher Duft soll gegen Läuse und Milben helfen. Er wird recht hoch, passt also besser zu großen Rosen, und ist sehr ausbreitungsfreudig. Ein Selbstläufer, den Sie stutzen und abstechen können, wenn er zu weit läuft.

Sanfter sind Glockenblumen wie die Pfirsichblättrige Glockenblume *(Campanula persicifolia)*, sie drängeln nicht, sondern bilden je nach Art sehr dicht an der Mutterpflanze oder an kurzen Ausläufern Tochterrosetten; dort, wo ein Plätzchen frei ist.

So entstehen mit der Zeit kleine Trupps rund um die Rosen. Dem können Sie durch Verpflanzen nachhelfen oder durch Jäten Einhalt gebieten. Glockenblumen gibt es in allen Größen, von der fünf Zentimeter hohen Zwergglockenblume *(Campanula cochleariifolia)* bis zur ein Meter großen Doldenglockenblume *(Campanula lactiflora)*, sodass Sie von der filigranen Buschrose bis zur langstieligen Edelrose für jede Lady eine passende Begleitung finden. Und mit der richtigen Auswahl blüht das Rosen-Gefolge den ganzen Sommer: Die Rundblättrige Glockenblume *(Campanula rotundifolia)* startet im Mai, die Dalmatiner-Glockenblume *(Campanula portenschlagiana)* hält durch bis in den Oktober. Die Farben reichen von Weiß bis Dunkellila und wenn sich die Sorten gegenseitig bestäuben und dann versamen dürfen, ist bald alles dabei. Die Fruchtkapseln sind durchaus ansehnlich, machen der Rose auch nach der Reife keine optische Schande und können also stehen bleiben – bis die Samen herausgestreuselt und mit den Tieren im Garten verbreitet sind.

Fürs frühe Frühjahr Narzissen und Vergissmeinnicht, für den späten Herbst Fette Henne, dann sind die Reihen das Jahr über weitgehend geschlossen. Letztendlich gilt: Wenn Ihnen etwas ganz anderes vorschwebt: Ausprobieren, die Pflanzen machen lassen, das ist auch hier die entscheidende Arbeit für Sie als Gärtner. Zu empfindlich sollten die Begleiter nicht sein, denn so ein Rosenbeet wird verhältnismäßig viel bearbeitet: Ausputzen und Blütenschneiden für die Vase, Anhäufeln im Winter und Abhäufeln im Frühjahr, und schneiden muss man auch ab und an.

Wenn Sie auch bei Rosen auf eher selbstständige Arten setzen, wird die Arbeit natürlich weniger. Viele Bodendecker-Rosen oder Kleinstrauch-Rosen brauchen keinen bestimmten Schnitt, wer Platz hat, lässt sie groß und buschig und weitgreifend wachsen, wer nicht, schneidet sie weit zurück, durchaus mit der Heckenschere. Idealerweise im Frühjahr, wenn im Garten die Kornelkirschen blühen. Und besonders praktisch sind natürlich Wildrosen, die wachsen tatsächlich so, wie die Natur sie geschaffen hat, und werden nicht jedes Jahr zurückgeschnitten. Sie werden nur ab und an ausgelichtet: Das heißt, Haupttriebe, die älter sind als fünf Jahre, werden direkt über dem Boden herausgeschnitten. Wenn Sie Ihre wilden Rosen in Form bringen möchten, dann sollten Sie das nach der Blüte erledigen, im Herbst. Schneiden Sie im Frühling, schneiden Sie die Blütenansätze mit ab. Typische Vertreter sind Hundsrose *(Rosa canina)* oder Weinrose *(Rosa rubiginosa)*.

Auch Ramblerrosen brauchen keine regelmäßigen Pflegedurchgänge und wenn, dann ebenfalls im Herbst. Nur vertrocknete, erfrorene, geknickte, überkreuz wachsende oder von Krankheiten befallene Äste sollten weg – dazu recht großzügig bis ins gesunde Holz und wenn nötig, auch bis zum Boden schneiden. Ansonsten erklimmen sie mit ihren langen Trieben Zäune, Mauern, Bäume und blühen ganz von alleine. Und bilden im Sommer und Herbst viele, viele Hagebutten. Sieht gut aus und ernährt viele Vögel.

Noch mehr selbstständiges Gefolge für die Königin:

- Akelei *(Aquilegia vulgaris)*
- Bergbohnenkraut *(Satureja montana)*
- Diamantgras *(Calamagrostis brachytricha)*
- Rittersporn *(Delphinium)*
- Salbei *(Salvia)*
- Schafgarbe *(Achillea millefolium)*
- Steinquendel *(Calamintha nepeta)*
- Storchschnabel (*Geranium*-Arten)
- Wasserdost *(Eupatorium cannabinum)*
- Weicher Frauenmantel *(Alchemilla mollis)*

Wie wäre es mal mit Königskerze, Natternkopf und Schafgarbe für den Balkon?

Und auf Balkonien? Geht's auch

Wer nicht gerade einen nagelneuen Balkon aus Vollplastik hat, weiß: Auch dorthin reisen Pflanzen ein, mit dem Wind, mit den Vögeln und an unseren Schuhen. Meist aber eher die Allerweltskräuter. Dass sich zarte Acker-Stiefmütterchen und duftende Nachtkerzen in den Fugen einfinden, sind seltene, schöne Ausnahmen.

Und es reicht natürlich nicht, einfach abzuwarten. Denn üppig grün und prächtig blühend, so wünschen wir uns unseren Balkon. Vor allem dann, wenn er nicht zusätzlich zu Hof und Garten vorhanden ist, sondern unser einziges grünes Zimmer.

Da ist ein bisschen Nachhilfe angesagt. Auf einem Balkon sind harte Bedingungen: Bei Sonnenschein herrscht Wüstenklima, bei einer Brise ist es windig, bei Wind ist Orkan, bei Regen Hochwasser, bei Frost und Schnee fühlt man sich wie am Polarkreis. Je höher der Balkon, desto stärker ist dieser Effekt und bei einer Dachterrasse kommt es gleich von allen Seiten. Balkonwetter ist deshalb eine Bewährungsprobe für nahezu alle Pflanzen, wobei der Wind in der Regel die größte Herausforderung darstellt: Manch eigentlich robuste Art mag einfach keinen Wind und »mickert«. Andere sind schlicht zu instabil: Denn zarte Blüten, weiche Blätter, lange Triebe, hohe Stängel und große, schwere Blütenköpfe haben einer frischen Brise nichts entgegenzusetzen, werden zerfetzt und abgeknickt. Und klar: Weil die Balkonbewohner nicht mit Mutter Erde verwurzelt sind, wollen sie regelmäßig gegossen und gedüngt sein. Denn in den oft doch kleinen Töpfen stehen den Pflanzen deutlich weniger Nährstoffe zur Verfügung als draußen und die Wurzeln haben auch keine Möglichkeit, selbst auf Wassersuche zu gehen, wenn die Blüten und Blätter durstig sind. Und während man unten im Beet oft gegen überbordendes Wachstum anschneidet, muss man oben im Kasten ein bisschen päppeln, hegen und pflegen.

Aber versuchen sollte man es auf jeden Fall und auf jeden Fall so naturnah wie möglich. Die Durchschnitts-Balkonzierblumen sind oft mit hohem Energieverbrauch »hergestellt« und haben Bienen, Hummeln und Schmetterlingen nicht viel an Nektar und Pollen zu bieten.

Allerdings ist es mancher heimischen Art dort oben einfach zu strapaziös. Mit Hitze und Wind kommen alle Pflanzen gut klar, die ursprünglich auf trockenen Magerstandorten wachsen oder in den Bergen, im Steppenklima oder im Mittelmeergebiet zu Hause sind. Dazu zählen natürlich fast alle mediterranen Kräuter von Lorbeer bis Lavendel, von Rosmarin bis Salbei und Minzen aller Art. Aber auch Fetthenne oder Katzenminze gedeihen hier. Beim Storchschnabel oder bei Glockenblumen setzen Sie auf die Arten, die einen Gebirgsnamen tragen: *montana,* Kaukaus-, Himalaya-, Pyrenäen- …

Auch die Grasnelke *(Armeria maritima)* lässt sich gerne auf Balkonien nieder, sie ist sehr genügsam und wächst fast überall: immer da, wo sich viele andere Blumen nicht mehr wohlfühlen, zum Beispiel auch im Gebirge oder am Meer; ebenso ihre Namensschwester Heidenelke *(Dianthus deltoides).* Beide sind eher kurzlebig, versamen sich aber fleißig selbst. Zumindest im großen Kasten sollte das auch auf dem Balkon funktionieren. Nicht zimperlich ist auch die Immergrüne Schleifenblume *(Iberis sempervirens):* mehrjährig, früh blühend und – weil wintergrün – sieht auch im Winter noch ganz gut aus.

Gut beraten ist man mit allen Robustlingen, die wachsen so üppig und schnell, dass es kaum etwas ausmacht, wenn sie im Balkonkasten von Hitze, Wind und Wetter etwas gebremst, nicht ganz die Dimensionen wie im Beet erreichen: Schafgarbe, Rainfarn oder Färberkamille bleiben halt kleiner, blühen aber oft genauso unermüdlich wie unten auf dem Boden. Und vielleicht schafft die ein oder andere ja den Sprung in die Ritzen vom Pflaster oder von Kasten zu Kasten. Auch ein Trog voll Giersch kann schön sein, und hier oben eingesperrt in einem Topf, muss er seine Ausläufer einfach mal bei sich behalten.

Beim Pflanzen achten Sie darauf, dass Sie Arten mit ähnlichen Ansprüchen zusammensetzen. Oder Sie pflanzen sie erst mal einzeln und lassen die Pflanzen mit der Zeit sich selbst mischen.

Wichtig beim Pflanzen: Ganz unten kommt eine Drainage in das Pflanzgefäß, aus Blähton, grobem Kompost oder Steinen, so kann sich kein Stauwasser bilden.

Als nächste Schicht folgt die passende Erde – zwischen Ton und Erde am besten ein Stück Vlies legen, damit sich die beiden Schichten durchs Gießen nicht vermischen. Dann können die neuen Bewohner einziehen. Sind die Pflanzen an Ort und Stelle, füllen Sie die Zwischenräume mit Erde auf und drücken diese leicht an. Über der Erdschicht sollten noch zwei Zentimeter Luft bis zum Kastenrand bleiben, sodass das Gießwasser nicht überlaufen kann.

Und hier können Sie nach Herzenslust Standorte erfinden, denn künstlich ist es sowieso: ein Heidebeet oder eins mit fleischfressenden Pflanzen, die trotz ihrer exotischen Anmutung robust und zum Teil winterhart sind. Zum Beispiel der heimische Rundblättrige Sonnentau *(Drosera rotundifolia)*.

Wenn der Eigentümer nichts dagegen hat – und es baulich und statisch geht sowie das Wasser sich nicht staut und ablaufen kann –, können Sie natürlich auch versuchen, die trittfeste Variante eines Gründachs auf einem Teil des Balkonbodens zu verwirklichen.

Wichtig: Balkonpflanzen brauchen besonders während der Wachstumszeit im Sommer Wasser, Wasser und noch mal Wasser. Nicht viel, das auf keinen Fall, deswegen sollten Sie nach Starkregen kontrollieren, ob es sich in Übertöpfen oder Untersetzern staut – aber regelmäßig. Am besten morgens und abends. In der Mittagssonne würde das meiste Wasser verdunsten. Gießen Sie direkt auf die Erde und nicht über Blätter und Blüten; und: langsam, damit die trockene Erde das Wasser aufnehmen kann und es nicht einfach nur von oben nach unten durchläuft. Für kälteempfindliche Pflanzen brauchen Sie im Winter ein frostfreies Plätzchen, das sollten Sie bedenken, bevor Sie einkaufen und pflanzen. Winterharte Arten können Sie auf dem Balkon überwintern. Das sieht sogar sehr schön aus, wenn sich zarter Reif oder ein Schneehäubchen auf sie legt. Im Kübel wird es jedoch schneller viel kälter als im Beet. Die Pflanzgefäße sollten deshalb mit Strohmatten oder Jutesäcken »angezogen« und in eine möglichst geschützte Ecke vom Balkon gerückt werden. Und: an frostfreien Tagen gießen!

Weitere selbstständige Blumen auf dem Balkon:

- Gewöhnlicher Reiherschnabel *(Erodium cicutarium)*
- Gewöhnlicher Tüpfelfarn *(Polypodium vulgare)*
- Kriechender Günsel *(Ajuga reptans)*
- Mauerpfeffer *(Sedum acre)*
- Natternkopf *(Echium vulgare)*
- Rainfarn *(Tanacetum vulgare)*
- Schwarze Königskerze *(Verbascum nigrum)*
- Steinquendel *(Calamintha nepeta)*
- Wald-Erdbeere *(Fragaria vesca)*
- Wasserdost *(Eupatorium cannabinum)*

Ruhige Kulisse und sehr, sehr selbstständig: Gräser

Gräser sind »in«, Gräser sind schön. Und sie sind schön selbstständig: Manche sind mehrjährig, aber auch die einjährigen Arten versamen sich angenehm zuverlässig und kommen im nächsten Jahr als neue Pflanzen wieder. Weil ihre Fruchtstände so leicht an die unterschiedlichsten Stellen geweht werden, finden sie auch immer wieder Lücken, in die sie perfekt zu passen scheinen. Insgesamt bieten sie mit ihrem ruhigen und geschlossenen Auftreten eine gute Kulisse für all die anderen doch eher unplanbar und bunt durch den Garten tobenden und wandernden selbstständigen Blumen; Farbtupfer im Gräsermeer statt bunte Party. Und das vom Sommer bis spät in den Winter. Zurückschneiden sollten Sie die Gräser, wenn überhaupt, erst im Frühling. Ähren und Blüten zieren den winterlichen Garten, sind Winterquartier für allerlei Kleingetier und außerdem schützt sich das Gras so selbst vor Frost. Zusammenbinden ist absolut überflüssig, sieht nicht gut aus und kann im Gegenteil dazu führen, dass das Gras fault.

Gräser sind pflegeleichter als pflegeleicht, wenn sie ihren passenden Standort gefunden haben. Die meisten Arten brauchen kaum Wasser und Dünger oder andere Nachhilfe schon mal gar nicht. Im Gegenteil. Das Zittergras zum Beispiel verträgt es ganz und gar nicht, es wächst in der Natur auf eher mageren Wiesen, gibt's zu viel Nährstofffutter, zieht es sich zurück. Ansonsten ist es genügsam, es kann auch mal trocken sein und mal ganz nass, am liebsten allerdings immer schön feucht und sonnig. Im Sommer lässt es seine Ähren-Herzen im Wind schwingen und sät sich reichlich selbst aus, wo es ihm gefällt. Gefällt Ihnen das nicht, schneiden Sie die Ähren ab und stellen sie in die Vase. Möchten Sie mehr Zittergras, können Sie ihm im Herbst nachhelfen und die Pflanzen teilen.

Kleinere Gräser pflanzt man am besten in Gruppen, größere wie das Diamantgras *(Calamagrostis brachytricha)* eignen sich auch als Solitär, zumindest für den Anfang, denn es sät sich angenehm zurückhaltend, aber beharrlich in Lücken immer wieder selber aus. Wo es nicht hinsoll, herausziehen, geht ganz einfach ohne schweres Gerät oder Finessen. Wie bei fast allen Gräsern, man muss es nur im Blick behalten. Und sich auf der anderen Seite keine Sorgen um seinen Verbleib machen.

Standort-Allrounder ist die Schneemarbel *(Luzula nivea),* ebenso die Mähnengerste *(Hordeum jubatum)* und die Rasenschmiele *(Deschampsia cespitosa),* eher sonnig mag es die Rutenhirse *(Panicum virgatum)*. Das Zarte Federgras *(Stipa tenuissima)* blüht kurz, aber schön, und bereits im Frühjahr ein Blickfang ist das Flattergras *(Milium effusum):* Seine Halme leuchten hellgrün im noch kahlen Garten. In der Blüte ist es eher klein und unspektakulär und überlässt den Auftritt dann gerne anderen.

Zittergras mit seinen herzförmigen Ähren mag nicht nur magere Wiesenstandorte.

Noch mehr selbstständige Gräser:

- Blaues Schillergras *(Koeleria glauca)*
- Blaugras *(Sesleria albicans)*
- Borstgras *(Nardus stricta)*
- Duftendes Mariengras *(Hierochloe odorata)*
- Fiederzwenke *(Brachypodim pinnatum)*
- Plattährengras *(Chasmanthium latifolium)*
- Regenbogenschwingel *(Festuca amethystina)*
- Ruchgras *(Anthoxanthum odoratum)*
- Tautropfengras *(Sporobolus heterolepis)*
- Wimper-Perlgras *(Melica ciliata)*

Von Böhnchen und Blümchen: Selbstständige im Gemüsebeet

Üblich ist: im Frühjahr Gemüse zu säen, ins Frühbeet, Gewächshaus oder auf der Fensterbank, dann auszupflanzen oder direkt auszusäen, schön in Reihen, all die kleinen Möhren, Kohlrabi und Gurken zu vereinzeln und bis zum späten Sommer zu pflegen. Dann fahren wir die Ernte ein und im Spätherbst warten die Beete umgegraben, abgeerntet und krümelig braun auf den Winter.

Das andere Ende der Möglichkeiten ist das, was sich unter dem Begriff Permakultur zusammenfassen lässt. Dieser Begriff ist vom mittlerweile verstorbenen »Erfinder« Bill Mollison und seinen Fans und Nachfolgern markenrechtlich geschützt, aber das Prinzip ist ziemlich alt und allgemeingültig und eigentlich das, was man auch unter Biogarten zusammenfassen könnte: Garten, Beet und Acker naturnah und in Kreisläufen zu bewirtschaften, nachhaltig, ökologisch. Ohne Pestizide, Herbizide, Fungizide, Pflanzenschutzmittel und andere chemische Substanzen. Keine Monokulturen, sondern Vielfalt, und statt falsche Pflanzen am falschen Platz mit künstlichen Nährstoffen zu päppeln, den jeweiligen Standort den richtigen Pflanzen überlassen. Im Blumenbeet eigentlich ganz einfach. Im Gemüsegarten nicht. Man will ja auch was ernten, und vor allen Dingen nicht irgendwas.

Aber wer will, findet einen Kompromiss.

Für den Anfang bringen Sie doch einfach mal Bewegung in die säuberlich getrennten Reihen und lassen Kohlrabi, Kohl und Kopfsalat ein paar Kennenlernspiele machen: Tiefwurzler wie Mangold teilen sich den Platz mit Radieschen oder Radicchio, die eher in der oberen Bodenschicht zu Hause sind. Dünner Porree füllt den Platz zwischen den dicken Sellerieknollen, Kartoffeln und Dicke Bohnen wachsen gut zusammen, Dill mag Gurken, Kürbis streckt seine Ranken dorthin, wo Platz und Sonne ist, Erbsen und Bohnen können sich auch an Maisstängel anlehnen und eine Wurzelpetersilie passt überall noch rein. Mit dem richtigen Partner wachsen alle Pflanzen besser, halten sich gegenseitig Krankheiten vom Leib und halten sogar unterirdisch Händchen, indem sich ihre Wurzeln miteinander verschränken und verweben.

Natürlich gibt es auch Kombinationen, die irgendwie nicht miteinander können, und auch das ist eine Wissenschaft für sich, über die man viel lesen kann. Wem es auf reichen Ertrag ankommt, der sollte das auch tun (siehe Literaturtipps auf Seite 170).

Ansonsten einfach ausprobieren und gemischt säen und pflanzen; die Pflanzen werden es schon machen, manche Pflanzen bleiben klein oder gehen sogar ein, wenn sie nebeneinander wachsen. Andere Pflanzen fördern sich gegenseitig: Sie werden üppiger und gesünder. Und dann ernten Sie, was da ist.

Der nächste Schritt ist, nicht jedes Jahr mit neuen, neu gekauften Samen anzufangen, sondern mit eigenem Saatgut. Samen zu sammeln, ist auch eine kleine Wissenschaft für sich, nicht nur weil sie sachgerecht geerntet, gereinigt, sortiert und getrocknet und gelagert werden müssen, damit sie im nächsten Jahr keimfähig sind, sondern auch weil es um Fremd- und Selbstbestäubung geht, um Inzucht und Verkreuzungen. Ziemlich kompliziert. Und es macht Sinn, einen Kurs zu besuchen oder ein gutes Buch zu lesen. Weil es Spaß macht und sehr befriedigend ist.

Aber es gibt auch hier selbstständige Sorten, die das meiste von alleine machen, Tomaten, Bohnen und Erbsen sowieso, die muss man fast noch nicht mal aufsammeln und trocknen. Einfach liegen lassen reicht – allerdings ist der Schwund durch Vögel und Mäuse dann relativ hoch.

Relativ sicher klappt es zum Beispiel mit Barbarakresse: Bis in den Winter bleibt die Pflanze grün und bringt frisch geernteten Kresse-Geschmack aufs Butterbrot, spätestens ab April blüht sie dann, hell und gelb, und auch die Blüten lassen sich essen. Allerdings bitte nicht alle, denn sie soll ja fruchten und sich versamen und für Nachwuchs sorgen; Nachschub für den nächsten Winter. Ähnlich ist es mit Feldsalat: Gesät im Herbst, bildet er seine typischen Blattrosetten, die wir im Winter so lieben. Lassen Sie einige stehen und wachsen, blühen und sich versamen. Im Herbst keimt dann wieder neuer Feldsalat. Wo, können Sie steuern, und zwar so: Abschneiden oder ausreißen und das Schnittgut wie Mulch dahin legen, wo im Herbst der Feldsalat wachsen soll.

Oder Topinambur *(Helianthus tuberosus):* Die bis zu zwei Meter hohe Staude blüht im Herbst mit Sonnenblumenblüten und vermehrt sich sehr zuverlässig unterirdisch mit etwa kartoffelgroßen Knollen, die Sie vom Herbst bis zum Frühjahr immer bei Bedarf ausgraben und in der Küche wie Kartoffeln verwenden können. Ein paar bleiben fast automatisch drin, als Grundstock fürs nächste Jahr.

Auch um Rucola und Borretsch braucht man sich – einmal ausgesät – nie wieder zu kümmern. Man kann reichlich ernten und wenn man jeweils ein paar Pflanzen blühen und fruchten lässt, wird man immer wieder Nachschub im Beet haben. Wo die beiden lästig werden, ziehen Sie sie heraus und wenn Ihnen gerade nicht der Sinn nach Rauke oder dem herben Gurkensalat-Aroma steht, freuen Sie sich an den schönen weißen und blauen Blüten und dass sie den Hummeln und Bienen reiche Nahrung bieten.

Gilt auch für all das Gemüse, was Sie nicht ernten wollen: blühen lassen. Aus Möhren und Pastinaken, Kohl und Salat wachsen beeindruckende Blütenwolken, beliebt bei Insekten und später, wenn sie reif sind, auch bei Vögeln. Einfach stehen lassen im Herbst und Winter. Sieht fast aus wie Kunst.

Wem damit nicht so wohl ist, alles bunt durcheinander anzubauen, bleibt bei geordneten Saatreihen und mischt Blumen ins Gemüse. Das ist nicht nur schön, sondern praktisch, zum Beispiel spart es das lästige Vereinzeln, wenn Sie zum Beispiel Möhrensamen mit Kamille und Borretsch mischen: Das so vergröberte Saatgut verhindert zu dichtes Auflaufen und das Blau und Weiß der Blüten leuchtet mit dem hellgrünen Möhrenlaub wie der Sommer persönlich.

Ringelblumen, Studentenblumen, Sonnenblumen, Königskerze und Kapuzinerkresse lockern die Reihen nicht nur optisch auf, sondern sind auch Insektenweide und Vogelfutter. Manche sollen das Obst und Gemüse vor Krankheiten und kleinem Geziefer schützen: Bohnenkraut hält Läuse von den Bohnen fern, Salbei, Thymian und Minze den Kohlweißling. Und Schnittlauch bewahrt mit seinen ätherischen Ölen in Blättern und Wurzeln Erdbeeren vor Grauschimmel. Er ist so Beet-Einrahmung und leckeres Gewürz zugleich; und eine schöne Schnittblume ist er außerdem.

Ist das System einmal in Schwung, werden nicht nur zwischen den Tomaten Blumen und Kräuter wachsen, sondern zwischen den Blumen im restlichen Garten auch Tomaten, Rucola und Borretsch, vielleicht auch Bohnen und Feldsalat. Auch wenn es nicht immer zum Fruchten reicht: Tolle Blüten haben sie alle.

Schauen Sie, was wo wie kommt und ob es Ihnen da passt – wenn nicht, besinnen Sie sich Ihrer Gestaltungsmacht als Gärtner und jäten.

Genauso bei Wildkräutern: Denn die lockere, offene, oft gehackte und bewegte Erde ist natürlich wie ein frisch gemachtes Bett für alle wanderfreudigen Lichtkeimer. Vogelmiere oder Franzosenkraut werden mit Vergnügen hineinspringen. Ganz junge Gemüse-Pflänzchen sollten Sie deshalb vor zu viel Andrang schützen und die kleinen Wilden weghacken. Sind Möhren und Mangold groß geworden, stört es sie nicht mehr. Lassen Sie es wachsen und ernten es wie Spinat. Das geht auch mit Disteln, die auch nur Artischocken sind – oder umgekehrt. Bei jungen Kohldisteln schmecken die Wurzeln und die Blätter spinatähnlich und sind auch so zu verwenden. Wer sie nicht essen mag, sollte ebenfalls so früh wie möglich jäten, wenn die Pflanzen älter sind, wird es zunehmend schwieriger. Sie können sie aber auch blühen lassen, die hohen Pflanzen geben dem Gemüsegarten optisch Struktur. Zudem sind sie Tankstelle und Snackbar für Bestäuberinsekten aller Art. Schneiden, bevor sie ihre kleinen Flugsamen in alle Winde und im ganzen Garten verstreuen, ist empfehlenswert. Es sei denn, Sie sind auf den Geschmack gekommen.

Noch mehr Selbstständige fürs Gemüsebeet:

- Bohnenkraut *(Satureja hortensis)*
- Gänseblümchen *(Bellis perennis)*
- Gartenmelde *(Atriplex hortensis)*
- Guter Heinrich *(Blitum bonus-henricus)*
- Haferwurzel *(Tragopogon porrifolius)*
- Knoblauchrauke *(Alliaria petiolata)*
- Römische Kamille *(Chamaemelum nobile)*
- Wald-Erdbeere *(Fragaria vesca)*
- Wegwarte *(Cichorium intybus)*
- Wiesenpastinak *(Pastinaca sativa* subsp. *sativa* var. *pratensis)*

Die Blumen gärtnern selbst: klingt das toll!

Außer ein, zwei guten Scheren brauchen Sie kein besonderes Werkzeug, neben dem üblichen wie Spaten, Hacke, Rechen, Besen, Eimer und Schubkarre, und nicht mehr als eine Grundausstattung, keine Spezial-Kratzer, -Stecher, -Stützer und schon gar keine aufwendige jahreszeitlich neue Saisonbepflanzung.

Los geht's einfach. Wenn Sie den Rahmen gesetzt haben, werden die Blumen Ihren Garten schon machen. Keinen Entwurf von der Stange oder vom Profi, kein modisches Ensemble, zusammengestellt aus verschiedenen Zeitschriften, sondern Ihren ganz eigenen, persönlichen Garten: Artenwahl und Gestaltung spiegeln Ihren Geschmack. Was wann wo wie tatsächlich grünt und blüht, entspricht dem Ort, wo Sie leben, Boden und Kleinklima. Beete, Fugen und Ritzen füllen die Blumen mit ihrer eigenen Dynamik. Ein Garten, der lebt und sich mit den Jahreszeiten wandelt und Ihnen zeigt, wann Frühling ist, wann Sommer, Herbst und Winter. Das Bedürfnis, mit jahreszeitlicher Dekoration den Lauf und den Stand der Zeit zu markieren, das wir in unserer durchgetakteten, gleichförmigen Lebensweise oft haben, verschwindet. Oder besser: Dieses Bedürfnis erfüllt uns unser Garten als erholsamer Kontrast zum alltäglichen Leisten-Müssen in Büro, Werkstatt oder Haushalt, wo immer alles geplant, kontrolliert und getan werden muss, jeden Tag das gleiche und nichts passiert von alleine. Im Garten schaut irgendwann das erste Schneeglöckchen aus dem Laub. Dann keimen Blumen und Blumen, knospen, blühen, mal von Bienen umsummt und duftend, mal glänzend vom Gewitterregen, reifen, versamen sich und vergehen wieder oder bleiben stehen, leuchten in der Herbstsonne und schmücken sich im Winter mit Raureif oder Schnee. Ein trockener Sommer lässt den Garten anders aussehen als ein kühler feuchter, weil mal die, mal die Blumen üppiger wachsen. Ein milder Winter bringt ein anderes Frühjahrsbild als ein Winter mit viel Frost und Schnee. Und nicht nur die Jahreszeit, auch sich selbst werden Sie finden in Ihrem Garten: ein Baby, Rückenbeschwerden, ein beruflich stark forderndes Projekt, weswegen Sie nur das Nötigste tun können, lässt Ihre Blumen anders wachsen und blühen, als ein ruhiges Jahr, in dem Sie morgens und abends Ihre Runde gehen, hier ordnen und lenken, da fördern, da planen und stutzen. Was wächst, ändert sich. Dass etwas wächst, bleibt.

In echt ist es noch viel toller

Denn: Ein solch selbstständiger Garten ist prima für Anfänger. Wer wie ich auf einmal eine Grünfläche geerbt, gekauft, gemietet hat, muss aus Angst vor der Natur und der Arbeit nicht eine Kirschlorbeer umgrenzte Rasenfläche einsäen und den Vorgarten mit Kies zuschütten.

Bunter, proportionierter geht natürlich immer, aber: Richtig etwas falsch zu machen, geht gar nicht. Die falsche Pflanze an den falschen Standort mit den falschen Nachbarpflanzen, dem falschen Dünger, der falschen Gießtechnik und dem falschen Schnittzeitpunkt? Gibt's auf Dauer nicht. Weil eben alles da wächst, wo es richtig ist. Und wenn doch mal was schiefgeht, ist schnell wieder Gras über die Fehlplanung und die Lücke gewachsen oder etwas anderes, Schöneres, Robusteres, Passenderes.

Wer so gärtnert, erlebt kaum Misserfolge, im Gegenteil, viele kleine Synapsen-Freudensprünge: wenn wieder eine Fuge erblüht, sich ein alter Bekannter von vor zwei Jahren wieder zeigt, im Sommer alles voller Grün und Blüten ist, die zusammen mit Insekten, Vögeln und Schmetterlingen eine emsige kleine Lebensgemeinschaft bilden. Mit selbstständigen Blumen zu gärtnern, ist unglaublich befriedigend.

Noch mehr Vorteile? Es geht schnell. In Zeiten von Rollrasen und Baum-Maklern ein wichtiges Argument und ich persönlich finde das auch nicht unerheblich. Ja, ein Baum braucht ein Menschenleben, um groß zu werden, aber ich selber habe nur eins und ich möchte nicht zwei Jahre damit verbringen, auf einen sich langsam entwickelnden Garten und nackte Erde zu schauen. Mit Einjährigen ist schon nach ein paar Wochen erst mal Leben in der Bude. Und es geht schnell, weil man gleich loslegen kann, ohne Gartenschauen zu besuchen, unzählige Gartenbücher zu sichten, Ideen zu sammeln, zu verwerfen und das Geld für den Gartenplaner und dessen Pflanzlisten zusammenzusparen.

Denn: Preiswert ist es nach den Anfangsinvestitionen auch, und damit ist ganz klar, dass ein lebendiger blühender Garten keine Frage des Geldes ist.

Ja, aber …

Klingt zu toll, um wahr zu sein? Natürlich, ein paar Fallstricke gibt es, und ein bisschen muss man wissen und beachten. Alleine, dass man ein Buch darüber schreiben kann, zeigt das. Aber tatsächliche Einwände, Probleme, Nachteile oder Gefahren wollen mir nicht einfallen, weil für mich diese Art des Gärtnerns perfekt ist und meine Lebenseinstellung widerspiegelt und weil das, was manch anderem als Problem erscheint, eben einfach dazugehört.

Aber ich kenne natürlich andere Gärtnerinnen und Gärtner.

… wächst dann nicht alles durcheinander?

Ich habe den Tonfall im Ohr, wie meine Oma es zu mir sagen könnte. Ja, aber Kind, da geht dann ja alles durcheinander. Kraut und Rüben, Wildwuchs, Du weißt nicht mehr, was Du gesät und gepflanzt hast, und dann wächst da einfach irgendwas.

Nein. Es ist kein Durcheinander und kein Wildwuchs von zufällig hereingeflogenen Pflanzen und der Garten besteht nicht nur aus kleinen Pionierkräutern, Disteln und Brombeeren. Ich liebe Blumen, Blüten, Duft und Kräuter, die ich zwischen den Fingern zerreiben kann. Ich will nur keine Arbeit mit ihnen haben. Sie vermutlich auch nicht? Deswegen suchen Sie sich sehr bewusst Pflanzen aus, die Ihnen gefallen und die sich – einmal gesetzt und gesät – vermehren, erhalten und verbreiten und den Garten aus eigener Kraft begrünen und erblühen lassen. Ob es dann so passt, das entscheiden dann wieder Sie. Nicht aus Prinzip, sondern von Fall zu Fall.

Meine Oma hatte langes weißes Haar und immer einen glatt gesteckten Dutt. So war auch ihr Garten. Wer mit selbstständigen Blumen gärtnert, hat aber als Gegenstück nicht die wilde Zottelmähne, sondern, wenn man im Bild bleiben will, einen gut gekämmten und locker zusammengebundenen Zopf, aus dem sich auch mal einige Strähnen lösen dürfen.

… und Gartenarbeit macht doch auch Spaß!

Ein anderes »Ja, aber« käme von meinem Onkel, wenn er dieses Buch noch lesen könnte. Nach jedem seiner sehr anstrengenden Arbeitstage im dunklen Büro leitete er den Feierabend mit einer Runde Gartenarbeit ein: schneiden, stützen, ausputzen, jäten, ernten, säen, pflanzen, harken, hacken, fegen, rechen. Ein Garten, der keine Arbeit macht, oje. Und in der Tat: Gartenarbeit entspannt, beruhigt, erfrischt, erfreut. Man erlebt sich als selbstbestimmt und unabhängig von Chef, Fließband, globalisierten Arbeitsabläufen, nicht als Rädchen im Getriebe, sondern als sein eigener Herr. Säen, Schneiden, Ernten ist außerdem sinnliches Erleben pur. Die Hände in kühle krümelige Erde tauchen, Kräuter schneiden, rebeln, den Duft einatmen … Da wird jeder sein persönliches Highlight kennen und nicht missen wollen.

Aber natürlich auch das andere Ende: Blasen, Schwielen, Rückenschmerzen. Und trotz Rückenschmerzen weitermachen, weil der Rasen gemäht, das Laub gerecht, die Dahlien aufgebunden werden müssen. Der Zank mit den Kindern, die schon wieder den Fußball in die edlen Prachtgewächse gekickt oder die gerade gesetzten Zierpflänzchen für die Hexensuppe oder Hochzeit-Spielen abgeerntet haben. Oder die auf ihre Gute-Nacht-Geschichte verzichten, weil ihre Eltern im Sommer bis tief in die Nacht im Garten unterwegs sind, um zu gießen und zu gießen und zu gießen. Und die ewige Frage: Wer gießt, jätet, mäht, wenn wir in Urlaub sind?

Wer mit selbstständigen Blumen gärtnert, kann sich entspannen: Man *kann* alles machen, aber man *muss* fast nichts. Wenn wir Ferien haben, kommen die Pflanzen gut allein klar, und auch dass wir alle älter werden und steifer und irgendwann nicht mehr können, wie es so schön heißt, braucht uns nicht viel zu kümmern. Ihr Garten wird mit Ihnen altern, wo Sie weniger gestalten können oder wollen, wird er es alleine machen, etwas wachsen wird immer, und wenn es Ihnen doch zu bunt ist, überlegen Sie einfach, wie viel Geld Sie über die Jahre gespart haben, für Wasser, Dünger, teure Pflanzen – und leisten Sie sich stundenweise einen Gärtner, der in Ihrem Sinne arbeitet. Und sorgen Sie für viele schöne Sitzplätze. Mit ausreichend Ruheinseln schaffen Sie die tägliche Runde auch noch im hohen Alter und mit schmerzenden Knien. Dann können Sie nach wie vor das Gartenjahr genießen, vom ersten Schneeglöckchen bis zur letzten Hummel, den leberblümchenblauen Frühling, das leuchtende Rot der Beeren und die Lampionblumen im Herbst.

Nein, ja und was sonst noch zu sagen wäre

Das waren jetzt nur zwei Argumente, die ich immer wieder höre. Es gibt sicherlich noch mehr und ich freue mich, wenn Sie mir schreiben (siehe Seite 147), dann werde ich versuchen, eine ganz persönliche Antwort auf Ihr ganz persönliches »Ja, aber« zu finden.

Es kann auch sein, dass nicht Sie selbst, sondern Ihre Familie, die Nachbarn im Schrebergarten oder andere Mitgärtner Bedenken, Zweifel und Sorgen haben. Und sich auch durch all die tollen Ideen und Argumente nicht überzeugen lassen. Auch nicht von dem, was eigentlich in der heutigen Zeit ein schlagendes Argument sein müsste, auch wenn ich die Begriffe nicht mag: Gärtnern mit selbstständigen Blumen ist super, super umweltfreundlich, ökologisch korrekt und wertvoll.

Es sind meist heimische Pflanzen, mindestens robuste Pflanzen, die mit den örtlichen Bodenverhältnissen gut klarkommen, keinen Dünger und, wenn der Sommer heiß ist, wenig vom kostbaren Nass brauchen und die nie ganz schlapp machen. Ob Sommer oder Winter, so ist die Erde nie nackt, immer haben Asseln, Regenwürmer, Ohrkneifer, Marienkäfer, Schmetterlingspuppen, stecknadelkopfwinzige Schnirkelschnecken-Kinder und all die vielen anderen kleinen Lebewesen eine schützende Schicht Vegetation über ihrem Kopf. Selbstständige Pflanzen blühen üppig, bieten Pollen und Nektar und Unterschlupf für Schmetterlinge und Hummeln, für Käferchen, Spinnen und Florfliegen, es gibt genügend Bestäuber. Und so bringen die vielen Blüten auch viele Samen und Früchte und damit ebenfalls Nahrung für viele Tiere, für Vögel in erster Linie, die sich aber auch an den reichlich vorkommenden Insekten gütlich tun. Fressen und Gefressenwerden, so hält sich alles gegenseitig im Gleichgewicht.

Hilfreich kann es sein, das mit dem Überzeugen-Versuchen zu lassen, weil es meist nichts bringt und eher noch mehr Widerstand auslöst. Fragen Sie nach, was genau die Sorgen sind, und überlegen Sie gemeinsam, wie Sie damit umgehen. Welche Punkte die anderen Ihnen zuliebe mitmachen und aushalten oder überlegen Sie, dass Sie sich auf verträgliche Pflanzen oder erst mal nur bestimmte Stellen im Garten beschränken.

Die Hoffnung, dass es überzeugt, wenn erst mal die Fugen der Betontreppe malerisch mit Blümchen überzogen sind, ist sicherlich berechtigt, aber es klappt nicht immer.

Die Schafgarbe, die zuletzt auf meiner Gartentreppe wuchs, gibt es nicht mehr. Auch der kleine Oregano, der dort blühte, und die Wald-Erdbeere sind nicht mehr da. Alles schön ordentlich weggekratzt von der netten Person, die in unseren Ferien die Katze hütet.

Schade, aber macht nichts. Denn meine Blumen werden es schon machen, irgendeine oder mehrere werden diesen Platz neu für sich entdecken. Und ich bin schon jetzt gespannt, welche es in diesem Jahr sein werden.

Die Autorin

Sigrid Tinz, geboren 1975, ist freie Journalistin, Autorin und Referentin für Umwelt-, Natur- und Gartenthemen. Die Geoökologin lebt mit ihrem Mann, vier Kindern, Kater Rudi und Schäferhündin Mary im Münsterland. Ihre liebste Freizeitbeschäftigung: der kleine Familiengarten voller selbstständiger Blumen, die Groß und Klein viel gemeinsame Zeit für entspannte und spannende Naturerlebnisse lassen.

Wenn Sie Ihre eigenen Erfahrungen mit selbstständigen Pflanzenarten mit der Autorin teilen möchten, freut sie sich über Ihre Post: s.tinz@krautundbuecher.de

Anhang

Selbstständige Pflanzen im Überblick

In der folgenden Tabelle finden Sie eine bunte Vielfalt an Pflanzen, die sich in Ihrem Garten selbstständig verbreiten können. Natürlich gibt es noch viel mehr Arten und noch viel mehr über sie zu sagen. Die Tabelle soll als Anregung zum Ausprobieren und Experimentieren dienen. Bei einzelnen Arten, die Sie besser entfernen oder die sehr ausbreitungsfreudig sind, soll es den Umgang mit ihnen erleichtern.

Deutscher Name *Botanischer Name*	**Lebenszyklus**	**Fördern und Lenken**
Acker-Gänsedistel *Sonchus arvensis* (siehe Seite 65)	mehrjährig	Weniger piksig als andere Disteln, aus den gelben Blüten entwickeln sich Samen mit Flughärchen. Sie wurzelt tief und deshalb auch in Fugen und auf trockenen Stellen. Wenn sie sich nicht verbreiten soll, möglichst jung herausziehen.
Acker-Kratzdistel *Cirsium arvense* (siehe Seite 65)	zweijährig	Bildet Ausläufer, die durch Hacken und Jäten erst richtig in Schwung kommen. Die flugfähigen Samen trägt der Wind weit über den Gartenzaun zu offenen Stellen. Abschneiden hilft, wenn es zu viel wird.
Ackerschachtelhalm *Equisetum arvense* (siehe Seite 62)	ausdauernd	Einmal da, bleibt er für immer, vermehrt sich zuverlässig durch ein dichtes unterirdisches Wurzelgeflecht und Sporen. Sporentriebe rechtzeitig entfernen!
Acker-Stiefmütterchen *Viola arvensis* (siehe Seite 29)	einjährig	Es stört nie, ist zierlich und wunderschön, liebt lockeren Boden und offene Stellen. Säen und blühen lassen, Ameisen tragen die Samen herum. Ebenso schön selbstständig: Wildes Stiefmütterchen *(V. tricolor).*
Acker-Vergissmeinnicht *Myosotis arvensis* (siehe Seite 73)	einjährig	Verbreitet sich wie das Wald-Vergissmeinnicht *(M. sylvatica)* selbstständig, ohne lästig zu werden. Kletthaare der Samenstände haften an Fell und Kleidung, Fruchtstände als Schnittgut in einer diskreten Ecke übersommern, wo sie nicht stören.

Deutscher Name *Botanischer Name*	Lebenszyklus	Fördern und Lenken
Ackerwinde *Convolvulus arvensis* (siehe Seite 96)	mehrjährig	Wo sie sich eingewurzelt hat, bleibt sie. Verbreitung durch Samen und Wurzeln, ein Stück Rhizom reicht aus. Im Zaum halten durch wiederholtes Schneiden und frühes Jäten.
Akelei *Aquilegia vulgaris* (siehe Seite 73)	mehrjährig	Blühen und reifen lassen, die Samen verstreuen Wind und Tiere. Wo sie stört, vorsichtig herausziehen. Nicht zu rigoros jäten, nicht alle jungen Pflanzen wachsen heran.
Ampfer *Rumex* (siehe Seite 104)	ausdauernd	Robust und trittfest, in vielen Arten, treibt aus tiefer Pfahlwurzel immer wieder aus, bildet reichlich Samen. Wo er stört, Blütenstand vor der Samenreife abschneiden, junge Keimlinge früh jäten, Blätter ernten. Wurzel tief ausstechen.
Barbarakresse *Barbarea vulgaris* (siehe Seite 137)	einjährig	Einmal ins Gemüsebeet gesät oder gepflanzt, bleibt sie für immer. Im Winter nicht alle grünen Triebe aufessen, damit sich im Frühjahr Blüten bilden und neue Samen.
Bärlauch *Allium ursinum* (siehe Seite 81)	Zwiebel- pflanze	Im Herbst als Zwiebelchen gepflanzt, grünt er im Frühling und blüht bald darauf auch. Nicht alle Blätter aufessen, damit er Samen und Brutzwiebeln bildet. Fleißig ernten, wenn er lästig wird. Deutlicher Knoblauchgeruch hilft, ihn von giftigen Maiglöckchen zu unterscheiden!
Beifußblättriges Traubenkraut *Ambrosia artemisiifolia* (siehe Seite 30)	einjährig	Steht ganz oben auf der Liste der ausbreitungsstarken und problematischen Neophyten. Vermehrt sich stark, kann heftige Allergien auslösen. Ausreißen, so jung wie möglich, noch vor der Blüte, hilft, ihn loszuwerden. Vogelfutter ohne Ambrosia-Samen verwenden.
Beinwell *Symphytum officinale* (siehe Seite 82)	ausdauernd	Die Heilpflanze verbreitet sich wie auch der Großblütige Beinwell *(S. grandiflorum)* vor allem über unterirdische Ausläufer super selbstständig. Wenn es zu viel wird, Glöckchenblüten abschneiden und Wurzel ganz tief ausstechen.
Bergbohnenkraut *Satureja montana* (siehe Seite 92)	ausdauernd	Kann alles sein, von Rosenunterwuchs über Gewürzkraut bis Pflasterfugenfüller. Bildet Polster und Teppiche, versamt sich reichlich und kommt mit dem Ameisentaxi herum. Nachhilfe mit der Blumentopfmethode (siehe Seite 56). Einjährig: *S. hortensis.*
Bergenie *Bergenie* (siehe Seite 82)	ausdauernd	Robust und wintergrün, früh blühend, prima als Rahmen um Beete, entlang von Wegen oder an der Terrasse. Versamt sich, mischt sich so auch selber Farben neu. Ist das nicht gewünscht: vor der Samenreife schneiden.

Deutscher Name *Botanischer Name*	Lebenszyklus	Fördern und Lenken
Blauer Eisenhut *Aconitum napellus* (siehe Seite 110)	ausdauernd	Vermehrt sich sehr selbstständig: unterirdisch durch kleine Knollen, oberirdisch durch viele Samen. Jäten, wenn es zu viel wird, oder prophylaktisch vor der Samenreife stutzen, **unbedingt mit Handschuhen.** Alle Aconitum-Arten sind **hochgiftig!**
Blauroter Steinsame *Lithospermum purpurocaeruleum* (siehe Seite 39)	ausdauernd	Schöner blau blühender Bodendecker, verbreitet sich durch Absenker und steinharte kleine Früchte. Wo die langen Ausläufer stören, nach dem Winter mit der Gartenschere abschneiden.
Blutweiderich *Lythrum salicaria* (siehe Seite 88)	mehrjährig	Bietet der tierischen Garten-WG Nektar, Pollen und Blätter. Bildet reichlich Samen, die der Wind verteilt. Liebt feuchte Standorte. Wird es zu viel: vor der Samenreife herausziehen.
Borretsch *Borago officinalis* (siehe Seite 137)	einjährig	Dunkelkeimer, einmal ausgesät, tanzt er durchs Kräuterbeet, zwischen das Gemüse oder die Blumen, aber sehr unaufdringlich. Wo seine blauen Sternchenblüten stören, lässt er sich widerstandslos herausziehen. Auch als mehrjährige Staude *B. pygmaea.*
Brauner Streifenfarn *Asplenium trichomanes* (siehe Seite 83)	ausdauernd	Seine Sporen finden mit Wind und Wasser den Weg in Fugen oder die Mauer hoch und runter; die Blumentopfmethode hilft beim Start.
Breitwegerich *Plantago major* (siehe Seite 104)	einjährig	Die Blätter halten aus, was ihn am Weg an Trittbelastung erwartet. Macht er sich zu breit, die Blüten vor der Samenreife abschneiden, denn wind- und wetterverbreitet kommt er weit herum. Ihn frühzeitig auszustechen, ist noch effektiver.
Brennnessel *Urtica dioica* (siehe Seite 64)	einjährig	Wichtige Raupenfutterpflanze, vermehrt sich durch Samen, leicht im Garten an stickstoffreichen Stellen anzusiedeln und durch Jäten, Stutzen, Mähen im Zaum zu halten.
Buschwindröschen *Anemone nemorosa* (siehe Seite 81)	Zwiebelpflanze	Wunderbarer Frühlingsbote, vermehrt sich langsam über unterirdische Rhizome und mit Ameisenhilfe. Rhizome teilen und neu einpflanzen beschleunigt die Ausbreitung. Wird es zu viel: Buddeln Sie ordentlich Rhizome noch in der Blüte aus.
Christrose *Helleborus niger* (siehe Seite 126)	ausdauernd	Ein paar Samen oder auch ein Teilstück der Wurzel reichen aus, aber es dauert mehrere Jahre, bis daraus üppig blühende Pflanzen geworden sind. Ihre reichlichen Samen werden von Ameisen und dem Wind verbreitet.

Deutscher Name *Botanischer Name*	Lebenszyklus	Fördern und Lenken
Diamantgras *Calamagrostis brachytricha* (siehe Seite 134)	ausdauernd	Gesät oder gepflanzt, verteilt es Jahr für Jahr seine Samen aus den unglaublich langen Rispen und kommt auf sonnigen Flächen und auch in kleinen Lücken immer wieder. Jäten, wo es stört; oder bereits vor der Samenreife schneiden, damit es sich nicht zu sehr ausbreitet.
Dreiblattspiere *Gillenia trifoliata* (siehe Seite 82)	ausdauernd	Blüht spät; im Schatten dekorativ. Vermehrung durch Teilung, am besten im Frühjahr, wenn nicht genug der dicken Samen von Tieren verbreitet werden. Leicht zu jäten, wo sie stört.
Dreimasterblume *Tradescantia × andersoniana* (siehe Seite 73)	ausdauernd	Blüht lila, rosa, weiß, bald auch gemischt. Sehr ausbreitungsfreudig über Samen. Nachhilfe durch Teilung im Herbst oder Frühjahr. Wird sie zu wild, vor der Fruchtreife schneiden.
Duftwicke *Lathyrus odoratus* (siehe Seite 97)	einjährig	Edelwicken gibt's in rankenden und kleinwüchsigen Sorten fürs Beet. In den Schoten bilden sich erbsenähnliche Samen; wo sie ausfallen, kommen sie teilweise von alleine wieder. Zuverlässiger geschieht das bei der Gartenwicke *(L. grandiflora)*. Trocknen und im Frühjahr wieder aussäen, wo es zu langsam geht, jäten, wo sie stört. Die Samen sind **giftig!**
Echte Kamille *Matricaria recutita* (siehe Seite 31)	einjährig	An lichten Stellen, Beet- und Wegrändern, erhält sich durch Selbstaussaat. Gerne im Kräuter- oder Gemüsebeet, wenn offener Boden fehlt. Schnittgutübertragung zur Verbreitung, jäten, wo sie stört.
Echtes Labkraut *Galium verum* (siehe Seite 117)	ausdauernd	Honigduftende gelbe Blütenrispen, vermehrt sich durch Ausläufer, bevorzugt magere Böden in der Sonne und im Halbschatten. Samen verbreiten die Ameisen. Hübsch auch in der Blumenwiese und im Blumenrasen.
Ehrenpreis *Veronica officinalis* (siehe Seite 117)	ausdauernd	Durch lange keimfähige Samen und vegetativ verbreitet er sich fleißig. Sieht gut aus in Massen und auch einzeln, malerisch in Lücken. Wo er stört, jäten. Auch in vielen anderen schönen Arten wie *V. chamaedrys.*
Eisenkraut *Verbena officinalis* (siehe Seite 101)	ausdauernd	Neben dem Echten Eisenkraut gerne auch andere Arten und Sorten nach Geschmack säen oder pflanzen. Wind und Tiere sorgen für die Verbreitung. Vermehrt sich reichlich; oft nicht winterhart.

Deutscher Name *Botanischer Name*	Lebenszyklus	Fördern und Lenken
Erdrauch *Fumaria officinalis* (siehe Seite 73)	einjährig	Keimt spät und füllt im Sommer entstandene Lücken. Blühen und fruchten lassen, dann kommt er immer wieder. Ameisen und Regen sorgen für die Verteilung im Garten. Wo er im Gemüsebeet stört: einfach herausziehen.
Eselsdistel *Onopordum acanthium* (siehe Seite 65)	zweijährig	Für Trockenstandorte gut geeignet. Imposante Pflanze mit schöner Blüte. Verbreitet sich massenweise mit Schirmchensamen, die auch Ameisen verteilen. Wer den Ausbreitungsdrang dämpfen möchte: vor der Samenreife schneiden.
Färberkamille *Anthemis tinctoria* (siehe Seite 48)	ausdauernd	Erhält sich übers Jahr und über die Jahre von ganz alleine im Garten, wandert umher. Die Samen verbreitet der Wind, deshalb ausreichend abgeblühte Körbchenblüten stehen lassen.
Feldsalat *Valerianella locusta* (siehe Seite 137)	einjährig	Gesät im Sommer, keimt er im Herbst und wird im Winter verspeist. Wo er blühen und aussamen darf, kommt er von alleine wieder und wandert mit Regen und Wind durch den Garten. Deshalb nie alles ernten.
Fetthenne *Sedum telephium* (siehe Seite 127)	ausdauernd	Treibt im Frühjahr zwischen den alten Stängeln hindurch aus den Überwinterungsknospen aus. Verbreitet sich eher langsam, denn die Samen sind im Winter beliebtes Vogelfutter. Teilen, wenn es mehr werden soll. Es gibt noch weitere schöne Sedum-Arten.
Fieberklee *Menyanthes trifoliata* (siehe Seite 89)	ausdauernd	An feuchten Standorten gesät oder gepflanzt, verbreiten sich die Samen durch Wind und Wasser. Wird es zu viel, stutzen und jäten.
Fiederpolster *Cotula potentillina* (siehe Seite 106)	ausdauernd	Wächst schnell mit langen Trieben zum Teppich heran, reiche Selbstaussaat hilft nach. Sehr tritttolerant, abgetretene Teile wieder einpflanzen.
Filzige Klette *Arctium tomentosum* (siehe Seite 28)	zweijährig	Reife Klettfrüchte werden von Tier und Mensch verbreitet. Mit den purpurfarbenen Blüten passt sie auch ins Staudenbeet, wächst an Weg- und Ackerrändern und sonnigen Standorten. Jung jäten, wo sie stört.
Flattergras *Milium effusum* (siehe Seite 134)	ausdauernd	Im Frühling mit strahlend hellen Halmen, zieht sich dann in den Hintergrund zurück, bildet dort lockere Horste mit unterirdischen Ausläufern und verteilt seine Samen zurückhaltend, aber stetig. Wird es zu viel, ist es einfach herauszuziehen.

Deutscher Name *Botanischer Name*	Lebenszyklus	Fördern und Lenken
Franzosenkraut *Galinsoga parviflora* (siehe Seite 63)	einjährig	Braucht als Lichtkeimer offene Flächen, mag nährstoffreiche Böden, bildet überreichlich Samen, die sich mit dem Wind und an Tierfellen haftend verbreiten. Leicht zu jäten, falls es zartes Junggemüse bedrängt. Lecker als Gemüse oder in der Suppe.
Frauenmantel *Alchemilla vulgaris* (siehe Seite 117)	ausdauernd	Wächst wie auch der Großblättrige Frauenmantel *(A. mollis)* fast überall, von Sonne bis Schatten, von Staudenbeet bis Pflasterlücke. Freut sich bei der Ausbreitung über Nachhilfe durch Schnittgutübertrag oder die Blumentopfmethode.
Frühlings-Platterbse *Lathyrus vernus* (siehe Seite 20)	mehrjährig	Lila blühender Frühlingsbote. Samen werden aus den aufplatzenden Schoten geschleudert, so erobert sie nach und nach neue Standorte. Nasskalte Winter dezimieren den Bestand.
Fünf-Fingerkraut *Potentilla reptans* (siehe Seite 36)	ausdauernd	Das Kriechende Fingerkraut bildet Teppiche mit langen Ausläufern, fädelt sich passgenau zwischen hohe Pflanzen, in Ecken und Lücken. Wenn es zu viel wird, neue Triebe regelmäßig entfernen oder unterirdisch ausstechen.
Gänseblümchen *Bellis perennis* (siehe Seite 119)	ausdauernd	Einmal da, bleibt es auch, wenn der Rasen regelmäßig kurzgehalten wird. Verbreitung durch Wind, Regen, Tier und Mensch (Mahd). Auch vegetative Vermehrung. Wo es tatsächlich stört: hacken und Blüten aufessen.
Gedenkemein *Omphalodes verna* (siehe Seite 74)	ausdauernd	Blüht ähnlich schön wie Vergissmeinnicht. Bildet Teppiche, treibt freundlich Ausläufer, ohne lästig oder pflege-intensiv zu sein.
Gefleckter Schierling *Conium maculatum* (siehe Seite 111)	zweijährig	Blütendolden ähneln blühendem Gemüse; **hochgiftig!** Erkennbar an roten Flecken auf dem Stängel. Ähnlich giftige Doldengewächse, die entfernt werden sollten: Wasserschierling *(Cicuta virosa)* und Hundspetersilie *(Aethusa cynapium).*
Gelber Lerchensporn *Pseudofumaria lutea* (siehe Seite 16)	ausdauernd	Blüht unermüdlich und die Samen werden von Ameisen verbreitet, die Mauer hoch, in schattige Fugen und überall, wo es ihm noch gefällt. Ein Selbstläufer, der sich einfach herausziehen lässt, wo er stört.
Gewöhnlicher Dost *Origanum vulgare* (siehe Seite 100)	mehrjährig	In vielen Sorten, nicht alle sind winterhart. Samen verbreiten sich selbst und mit dem Wind, bildet Ausläufer; Nachhilfe mit der Blumentopfmethode.

Deutscher Name *Botanischer Name*	Lebenszyklus	Fördern und Lenken
Gewöhnlicher Reiherschnabel *Erodium cicutarium* (siehe Seite 19)	einjährig	Ein unscheinbarer Pionier mit schönen lila Blüten, für die unbeliebten Plätze. Die Samen kriechen und suchen sich so den besten Platz. Offene Plätze fördern die Verbreitung, einfach zu jäten, wo er stört.
Giersch *Aegopodium podagraria* (siehe Seite 36)	ausdauernd	Wenige Rhizomstücke bilden rasch ein Wurzelgeflecht unter der Erde, wo Platz ist, spitzen schon im Winter die grünen Blätter aus der Erde. Nie hacken! Abschneiden, wieder und wieder, hilft; gut im Salat und als Kaninchenfutter; schöne zarte, helle Schirmdolden.
Gilbweiderich *Lysimachia punctata* (siehe Seite 74)	ausdauernd	Sein unterirdisches Ausläufernetz lässt die gelben Blüten schnell durch den Garten wandern. Nachhelfen durch eingesetzte Wurzelstücke, bremsen durch Rückschnitt und Kombination mit wuchskräftigen Pflanzen.
Glockenblumen *Campanula* (siehe Seite 128)	ausdauernd	Es gibt Arten über Arten, groß, klein und als Polster, für alle Standorte und mit Blütezeiten von Mai bis in den Herbst, weiß, helllila, dunkelviolett; viele bilden Ausläufer, die Fruchtkapseln verstreuen sich durch Wind und Tier. Nachhelfen durch Abteilen der Tochterpflanzen und Samenverteilen.
Grasnelke *Armeria maritima* (siehe Seite 132)	ausdauernd	Bildet dichte Polster, die kugeligen Blüten sind Wintersteher, die Samen allerdings auch beliebtes Winterfutter. Auf Trab bringen durch Teilen und Aussäen, im Zaum halten durch Stutzen und Jäten.
Greiskraut *Senecio vulgaris* (siehe Seite 65)	einjährig	Die heimische Art ist ein robuster Pionier, aber im Garten verträglich und gut zu jäten, Experte für strapaziöse Standorte. Samen verbreiten Wind und Tiere. Problematisch sind das Jakobs-Greiskraut *(S. jacobaea) und das* Schmalblattrige Greiskraut *(S. inaequidens).* Für Nutztiere **giftig,** sehr ausbreitungsstark.
Großblütige Königskerze *Verbascum densiflorum* (siehe Seite 97)	zweijährig	Sucht sich als sehr selbstständige Pflanze auch Standorte abseits des Beetes, in Fugen oder anderen malerischen Orten. Bildet reichlich Samen, die der Wind und Tiere verteilen. Stört sie, die einjährige Rosette jäten. Schön auch die kleinwüchsigeren Arten wie *V. nigrum.*
Große Sterndolde *Astrantia major* (siehe Seite 108)	ausdauernd	Einmal gesät oder gepflanzt, streut sie ihre Samen zuverlässig in den Garten, keimt regelmäßig neu und blüht und fruchtet; wer das unterbinden will, schneidet die Stängel vorher ab.

Deutscher Name *Botanischer Name*	Lebenszyklus	Fördern und Lenken
Großer Wiesenknopf *Sanguisorba officinalis* (siehe Seite 116)	mehrjährig	In Saatmischungen für Wiesen, kommt auch im Beet gut an, am besten mit anderen Sanguisoba-Arten mischen, dann versamen sie sich zu einer bunten Menge; schön auch als Solitär.
Großes Immergrün *Vinca major* (siehe Seite 82)	ausdauernd	Bildet mit langen, dünnen Trieben dichte Teppiche, kann drängelig werden, aber der nächste kalt-nasse Winter kommt bestimmt und auf einmal ist es von alleine wieder reduziert. Im zeitigen Frühjahr zurückschneiden, wenn es zu viel wird. Kleines Immergrün *(Vinca minor)* für kleine Flächen.
Großes Löwenmaul *Antirrhinum majus* (siehe Seite 79)	ausdauernd	Streut seine Samen aus den Kapselporen überall hin, keimt auch zwischen Steinen und im Kiesbeet. Ist mit einem Handgriff herausgezogen, falls es doch stören sollte. Verlässlich selbstständig ist auch das Iberische Löwenmaul *(A. braun-blanquetii).*
Haselwurz *Asarum europaeum* (siehe Seite 82)	ausdauernd	Liebt Schattenplätze. Setzen Sie ein paar Pflanzen in jede Ecke, dann breitet sie sich langsam, aber sicher durch Ausläufer und mit dem Ameisentaxi bodendeckend aus. Abstechen, wenn sie den falschen Weg einschlagen sollte.
Hasenschwanzgras *Lagurus ovatus* (siehe Seite 107)	einjährig	Das Gras bildet dichte Puschelähren, die dem Samtgras seinen Namen gaben. Versamt sich reichlich und verbreitet sich mit dem Wind immer wieder selbst, besonders gerne an trockenen, warmen Stellen; zum Jäten einfach herausziehen.
Hauswurz *Sempervivum* (siehe Seite 93)	ausdauernd	Auch Dachwurz genannt, wächst und blüht in einer Vielzahl von Arten auf Mauern oder Dächern, unter Dachüberständen oder in Steinbeeten. Die zähen Dickblattgewächse breiten sich mit ihren Tochterrosetten langsam wie eine Schildkröte, aber genauso ausdauernd aus. Die Samen verbreitet der Wind.
Heidenelke *Dianthus deltoides* (siehe Seite 132)	ausdauernd	Nach der Blüte unbedingt fruchten lassen, damit fürs nächste Jahr genug Samen in Umlauf sind. An mageren Standorten bildet sie ganze Polsterteppiche durch oberirdische Ausläufer. Schnittgutübertragung hilft nach. Wenn es genug sind, Blüten für die Vase schneiden.
Herbstzeitlose *Colchicum autumnale* (siehe Seite 110)	Zwiebelpflanze	Blüht im Herbst, fruchtet noch später und bietet so den Ameisen auch in der kühlen Jahreszeit noch reichlich Elaiosomen, wird so immer weiter verteilt. **Sehr giftig.**

Deutscher Name *Botanischer Name*	**Lebenszyklus**	**Fördern und Lenken**
Hoher Staudenphlox *Phlox paniculata* (siehe Seite 80)	ausdauernd	Eher ortsfest, hält die Stellung auch gegen drängelige andere Blumen; geht mit kurzen Ausläufern optisch in die Breite. Bei Wurzeldruck von Gehölzen noch besser: Großblattphlox *(P. amplifolia)*.
Hornfrüchtiger Sauerklee *Oxalis corniculata* (siehe Seite 83)	ausdauernd	Kommt von alleine und sucht sich Plätze, wo sonst keiner wächst. Treibt Ausläufer, die neue Wurzeln schlagen, und streut viele Samen aus seinen gekrümmten Schoten. Einmal da, geht er nur ungern wieder weg. Immer wieder jäten hilft.
Hornklee *Lotus corniculatus* (siehe Seite 117)	ausdauernd	Blüht knallgelb, aus den Schoten fallen Samen, die durch Mähen in der Wiese weit herumkommen und an passenden Stellen rasch neue Pflanzen bilden.
Igelkolben *Sparganium emersum* (siehe Seite 89)	ausdauernd	Überwintert als Rhizom und verbreitet sich auch so; einmal ins oder ans Wasser gepflanzt, braucht er Aufsicht; seine kleinen Samennüsschen streut er ins Wasser und findet so neue Standorte.
Indianernessel *Monarda fistulosa* (siehe Seite 126)	ausdauernd	Winterhart und versamungsfreudig, auch ihre Rhizome finden in Lücken neue Orte. Nachhelfen am besten mit Teilung, bremsen mit Jäten und Schnitt vor der Fruchtreife.
Islandmohn *Papaver nudicaule* (siehe Seite 79)	einjährig	Die kurzlebige Art säen oder pflanzen, die Kapseln reifen und vom Wind leer schütteln lassen. Nachhelfen durch Samensammeln und gezieltes Ausbringen, lenken durch Rausziehen überzähliger Keimlinge.
Johanniskraut *Hypericum perforatum* (siehe Seite 30)	ausdauernd	Verbreitet sich über Wurzelsprosse und Kapseln voller Samen, die der Wind und Tiere umhertragen. Sehr ausbreitungsfreudig, aber mit Stutzen und Hacken auch gut zu lenken.
Jungfer im Grünen *Nigella damascena* (siehe Seite 29)	einjährig	Verbreitet sich über Tiere und den Wind selbstständig und kommt immer wieder, es sei denn, der Winter war sehr streng. Für solche Fälle einfach aus den grün-stacheligen Samenständen ein paar Reservesamen sammeln.
Kalifornischer Goldmohn *Eschscholzia californica* (siehe Seite 79)	einjährig	Einmal gesät, verteilen sich die aus den aufplatzenden Schoten rieselnden Samen selbst und keimen, wenn es ihm durchlässig, offen und sonnig genug ist. Samen sammeln und verbreiten geht auch. Wo er stört, jäten.

Deutscher Name *Botanischer Name*	Lebenszyklus	Fördern und Lenken
Kanadische Goldrute *Solidago canadensis* (siehe Seite 35)	ausdauernd	Sie ist im Vergleich zur heimischen Art *(S. virgaurea)* deutlich ausbreitungsfreudiger und steht auf der Liste der ausbreitungsstarken Neophyten. Sie bildet unzählige behaarte Samen, die der Wind verbreitet, zusätzlich reichlich unterirdische Ausläufer.
Kanadisches Berufkraut *Erigeron canadensis* (siehe Seite 64)	ausdauernd	Aus den sehr, sehr kleinen Blüten bilden sich zur Samenreife reichlich kleine Flugschirmchen. Auf gestörten Böden erscheint es wie auch das Einjährige Berufkraut *(E. annuus)* von ganz alleine, auch in Fugen. Am besten gleich herausziehen.
Kapuzinerkresse *Tropaeolum majus* (siehe Seite 97)	einjährig	Sie keimt ab Mai, blüht und rankt und fruchtet lange und gibt dem Herbst und möglichen Lücken noch mal Farbe und Grün. Liegen gebliebene Samen kommen von selbst wieder und auch dort, wo Vögel und Co. sie vielleicht hingeschleppt haben.
Katzenminze *Nepeta cataria* (siehe Seite 78)	ausdauernd	Eher kurzlebig, aber selbständig, was das Versamen angeht, erhält sich so über Jahre an einem Standort; über die Blumentopfmethode auch gut auf andere Flächen und in Fugen anzusiedeln. Wo sie lästig wird, schneiden.
Kaukasus-Vergissmeinnicht *Brunnera macrophylla* (siehe Seite 73)	ausdauernd	Ähnelt dem Vergissmeinnicht, ist aber ausdauernd und damit ortsfest; samt sich aber gut selbst aus und wandert so doch durch den Garten; wird selten zu viel.
Klatschmohn *Papaver rhoeas* (siehe Seite 79)	einjährig	Seine Samen finden jede offene lockere Stelle, die er als Lichtkeimer braucht. In den Samenkapseln bilden sich beim Trocknen kleine Poren, aus denen der Wind die Samen schüttelt und verteilt.
Kleine Wasserlinse *Lemna minor* (siehe Seite 89)	mehrjährig	Entengrütze, wie die große Schwester *L. triscula*. Ein Fissel vom Nachbarn reicht, und der Gartenteich ist ausgestattet. Sprosse vermehren sich vegetativ, Samen verbreitet sich hydrochor.
Kleines Habichtskraut *Hieracium pilosella* (siehe Seite 117)	ausdauernd	Das »Mäuseohr« wächst auf Wiesen und Wegrändern, verteilt seine flauschigen Flugsamen mit dem Wind; rund um seinen Standort verbreitet es sich durch Ausläufer mit Blattrosetten. Weghacken und vor der Blüte stutzen, bremst. Auch schön: das Orangerote Habichtskraut *(H. aurantiacum)*.

Deutscher Name *Botanischer Name*	**Lebenszyklus**	**Fördern und Lenken**
Klettenlabkraut *Galium aparine* (siehe Seite 28)	einjährig	Seine Stängel kleben und lassen sich von Kindern mit Blüten und Blättern zu Kränzen winden. Auch die kugeligen kleinen Früchte haften durch kleine Widerhaken wie Klett und reisen so mit Tier und Mensch.
Kornblume *Centaurea cyanus* (siehe Seite 43)	einjährig	Schöne Sommerblume, typisch zusammen mit Mohn und durchaus selbstständig, wenn sie ausreichend helle, offene Stellen zum Keimen findet; die behaarten Samen verbreitet der Wind.
Kornrade *Agrostemma githago* (siehe Seite 43)	einjährig	Giftige Ackerbegleitblume; bereichert den Garten mit eleganten Blättern und lila Blüten. Ihre **giftigen Samen** lässt sie aus den reifen Kapseln zu Boden fallen.
Kriechender Günsel *Ajuga reptans* (siehe Seite 74)	mehrjährig	Ansatzweise trittfest, klein, polsterbildend, schöne lila Lippenblüten, kommt oft von alleine und verbreitet sich selbstständig durch lange Ausläufer. Menschliche Nachhilfe durch Teilung. Wo er stört, einfach jäten.
Krokusse *Crocus* (siehe Seite 120)	Zwiebelpflanze	Es gibt zahllose Arten, die meisten verbreiten sich mit Ameisenhilfe, deswegen die Blüten fruchten lassen. Frühblüher unbedingt mit Herbstkrokussen ergänzen, damit die Ameisen auch im Spätherbst noch was zum Verteilen haben.
Küchenschelle *Pulsatilla vulgaris* (siehe Seite 19)	ausdauernd	Schickt mit ihren zotteligen Fruchtständen die Samen mit dem Wind herum, bei Nässe klebt der Federschweif an Fell und Pfoten. Können sich durch kriechende Bewegungen auch im Nahbereich das beste Plätzchen suchen.
Kuckucks-Lichtnelke *Lychnis flos-cuculi* (siehe Seite 114)	ausdauernd	Mag's feucht und wo es ihr gefällt, kommen immer wieder neue Pflanzen aus den Samen, die der Wind aus den reifen Fruchtkapseln verstreut.
Kugellauch *Allium aflatunense* (siehe Seite 126)	Zwiebelpflanze	Treibt aus dicken Knollen Kugelköpfe voller Flugsamen, die sich nicht allzu weit von der Mutterpflanze verteilen und zahlreich keimen. Farben mischen sich, wem das zu bunt wird, schneidet die Blüten ab.
Lampionblume *Physalis alkekengi* (siehe Seite 74)	ausdauernd	Verbreitet sich durch lange unterirdische Rhizome, die orangen Lampions leuchten nach zwei, drei Jahren im Herbst bald überall. Wird sie lästig, immer wieder oberirdisch abschneiden und mit wuchskräftigen Pflanzen wie Gilbweiderich kombinieren.

Deutscher Name *Botanischer Name*	Lebenszyklus	Fördern und Lenken
Lavendel *Lavandula angustifolia* (siehe Seite 128)	Halbstrauch	Relativ sesshaft und robust. Vermehrt sich durch Samen und Absenker. Regelmäßig nach der Blüte und im Frühjahr bis in den verholzenden Teil zurückschneiden, dann bleibt er schön dicht. Die Stecklinge zum Vermehren nutzen.
Leberblümchen *Hepatica nobilis* (siehe Seite 26*)*	ausdauernd	Mag durchlässigen Boden, ideal für seine tiefen Rhizome, mit denen es sich vegetativ verbreitet; die Samen bilden Elaiosome, die von Ameisen durch die Gegend geschleppt werden. Hübscher Frühjahrsblüher für den Halbschatten.
Löwenzahn *Taraxacum officinale* (siehe Seite 69)	mehrjährig	*Die* Pusteblume schlechthin. Wind und Mensch lassen die Samen als Schirmchenflieger neue Plätze erobern, gerne auf gut gedüngte (Rasen-)Flächen. Ausstechen treibt die verbliebenen Spitzen der tiefen Pfahlwurzel immer wieder zum Neuastrieb an; besser Blüten schneiden und Kränze winden.
Lungenkraut *Pulmonaria officinalis* (siehe Seite 83)	ausdauernd	Langlebige Pflanze, die, einmal im Garten, reichlich und selbstständig Samen nachliefert. Interessanter Farbwechsel der Blüten von Rot nach Blau. Ameisen helfen beim Samentransport.
Lupine *Lupinus polyphyllus* (siehe Seite 110)	ausdauernd	Ausläuferbildend, überzieht offene Standorte schnell und mit Schwung, im Garten aber gut zu haben. Die reifen Schoten reißen auf und verschleudern die für den Menschen **giftigen Samen.** Dank Tiertransport kommen sie noch weiter herum.
Mädesüß *Filipendula ulmaria* (siehe Seite 114)	ausdauernd	Ein, zwei, drei Pflanzen (auch vom Kleinen Mädesüß, *F. vulgaris)* genügen und sie bleibt für immer, wenn es auch feuchte, nährstoffreiche Ecken gibt. Die reifen Dolden sind Wintersteher, Wind, Wasser und Tiere verbreiten den Samen nach und nach. Einfach zu jäten, wo es zu viel wird.
Mähnengerste *Hordeum jubatum* (siehe Seite 134)	einjährig	Kleines buschiges Gras mit dekorativen Ähren, das seine Samen in alle Winde verstreut und bevorzugt auf offenen sandigen Stellen zum Keimen kommt. Rausziehen, wo es stört.
Maiglöckchen *Convallaria majalis* (siehe Seite 110)	ausdauernd	Zieht ein Ausläufergeflecht durch den Boden, die roten (für Menschen **giftigen**) Früchte kommen mit Vögeln und Co. weit herum, auch an schwierige Standorte wie Baumscheiben oder dunkle Ecken. Wo es zu wild ist, mähen oder schneiden.

Deutscher Name *Botanischer Name*	Lebenszyklus	Fördern und Lenken
Mauerraute *Asplenium ruta-muraria* (siehe Seite 90)	mehrjährig	Streifenfarn, immergrün, mit vom Wind verbreiteten Sporen. Kommt weit herum und hoch hinaus, auch in kühle, schattige Mauerritzen, wenn es zu langsam geht, hilft die Blumentopfmethode.
Minzen *Mentha* (siehe Seite 105)	ausdauernd	Minzen wachsen üppig, sind robust und pflegeleicht, versamen sich gern. Die meisten Arten sind wanderfreudig und bilden lange, schnell wachsende Ausläufer, die sich knapp unter der Oberfläche in alle Richtungen ausbreiten. Für den Gartenteich: Wasser-Minze *(M. aquatica)*.
Mondviole *Lunaria annua* (siehe Seite 108)	zweijährig	Die silbernen Taler, die sich im zweiten Jahr bilden, zum Basteln, Spielen und Dekorieren erst ernten, wenn der Samen herausgeweht wurde und für genügend Nachwuchs gesorgt ist. Selten lästig.
Mutterkraut *Tanacetum parthenium* (siehe Seite 76)	mehrjährig	Wandert überall hin, auch in Fugen und ungünstige Stellen, auch dort, wo sonst nichts wächst. Die Samen, die der Wind verteilt, brauchen als Lichtkeimer offene Stellen. Wo es stört, einfach herausziehen.
Nachtkerze *Oenothera biennis* (siehe Seite 85)	zweijährig	Bildet reichlich Samen, die der Wind verteilt. Liebt offene Böden, dort kommt sie wie von selbst und bleibt auch da. Wird es zu viel, wegen ihrer langen Pfahlwurzeln früh jäten oder vor dem Versamen stutzen. Duftende Art: *O. odorata.*
Nachtschatten *Solanum nigra* (siehe Seite 62)	einjährig	Junge Pflanzen ähneln Tomaten, deswegen erst mal warten, bis Sie sicher sind, wen Sie da jäten. Vermehrung über **hochgiftige** schwarze Beeren, im Garten mit kleinen Kindern deshalb entfernen.
Nachtviole *Hesperis matronalis* (siehe Seite 85)	zweijährig	Kurzlebig, sorgt aber mit reichlich Samen in Schoten für Nachschub. Verbreitung über Wind und Tiere, Nachhilfe durch Schnittgutübertragung. Jäten oder Stängel vor der Samenreife abschneiden, wenn der Nachtdufter zu viel wird.
Narzissen *Narcissus* (siehe Seite 121)	Zwiebelpflanze	Am besten viele verschiedene Arten und Sorten pflanzen; Blätter und Blütenstände stehen lassen, bis die reifen Samen aus den Kapseln herausgefallen sind und sich ein passendes Plätzchen suchen können.
Natternkopf *Echium vulgare* (siehe Seite 49)	zweijährig	Wandert mit strahlend blauen Blüten durch den Garten; wächst auch in Schotter und Kies oder im Regenschatten des Dachs. Klebrig klettige Samen verbreiten sich mit Tier und Mensch. Wird es zu viel, die Blattrosetten im ersten Jahr entfernen.

Deutscher Name *Botanischer Name*	**Lebenszyklus**	**Fördern und Lenken**
Nickendes Perlgras *Melica nutans* (siehe Seite 109)	ausdauernd	Hübsches Gras mit perlenförmigen Ährchen, verbreitet sich vegetativ durch Ausläufer; Ameisen helfen bei der Verbreitung der Samen mit. Auch ein schönes Perlgras mit Schirmchenflieger-Samen: *M. ciliata*.
Pfennigkraut *Lysimachia nummularia* (siehe Seite 103)	ausdauernd	Kommt mit bodennahen Ausläufern in Fugen, Pflanzlücken oder unter Gehölze. Mit Geduld oder Nachhilfe durch abgetrennte und eingepflanzte Ausläufer blüht bald ein ganzer Teppich gelb. Wenn es zu viel wird, regelmäßig kürzen.
Quecke *Elymus repens* (siehe Seite 64)	ausdauernd	Un-Gras, wenn es das Wort gäbe: dünne Ähren auf weitverzweigtem unterirdischen Ausläufergeflecht; einmal da, bleibt sie für immer. Immer wieder oberirdisch abschneiden, hilft, sie einzudämmen.
Rainfarn *Tanacetum vulgare* (siehe Seite 128)	ausdauernd	Verbreitet sich unterirdisch durch Ausläufer, kann anderen wuchsfreudigen Stauden Paroli bieten; sein Samen wird durch Wind und Tiere weitergetragen.
Rasenschmiele *Deschampsia cespitosa* (siehe Seite 134)	ausdauernd	Horste bildendes Gras, sucht sich über Ausläufer und windverbreitete Samen immer neue Plätze; wo es stört, rausziehen.
Ringelblume *Calendula officinalis* (siehe Seite 43)	einjährig	Braucht offene Stellen zum Keimen, die gekrümmten Samen werden durch Tier, Mensch und Wasser reichlich verteilt. Sammeln, trocknen und im Frühjahr neu säen geht auch. Auch sehr selbstständig: die wilde Schwester *C. arvensis*.
Rispe *Poa annua* (siehe Seite 64)	einjährig	Klein und überall, fast ganzjährig grün; mag offenen fetten Boden zwischen Stauden und Gemüse, wächst aber auch auf Wegen und am Straßenrand. Lassen oder hacken, bevor sie Samen bildet.
Römische Kamille *Chamaemelum nobile* (siehe Seite 106)	mehrjährig	Auch als duftende Teppich-Kamille bekannt. Gut trittfest, winterhart, bildet Ausläufer und versamt sich gut; Teilung beschleunigt die Teppichbildung.
Rosmarin *Rosmarinus officinalis* (siehe Seite 80)	Halbstrauch	Ob hochwüchsige oder polsterbildende Sorte: Insekten lieben seine lila Blüten; nicht alle Sorten sind winterhart. Verbreitung über Absenker oder Stecklinge (vom Rückschnitt nach der Blüte).
Rote Lichtnelke *Silene dioica* (siehe Seite 117)	zweijährig	Verlässliche Selbstaussäerin: Der Wind streut die Samen aus den offenen Kapseln. Leicht zu jäten, wo sie mal stört.

Deutscher Name *Botanischer Name*	Lebenszyklus	Fördern und Lenken
Roter Fingerhut *Digitalis purpurea* (siehe Seite 46)	zweijährig	Erhält sich, einmal gesät oder gepflanzt, durch Selbstaussaat, verbreitet sich weiter, mitunter stürmisch, wenn er offene Stellen findet. Dann vor der Blüte schneiden oder die einjährigen Rosetten jäten. Auch weiß blühend. **Giftig.**
Rotfrüchtige Zaunrübe *Bryonia dioica* (siehe Seite 96)	ausdauernd	Kletterpflanze mit roten **giftigen** Früchten, für Tiere lecker, so verbreitet sie sich auch. Wer sie loswerden will, immer wieder schneiden, dann stirbt die dicke Rübenwurzel ab.
Rucola *Eruca sativa* (siehe Seite 137)	einjährig	Einmal säen wie Salat, nicht alles ernten, blüht weiß und bildet kleine Schoten, die aufreißen und ihren Samen verstreuen. Alternativ: ausdauernde, gelb blühende Wilde Rauke *(Diplotaxis tenuifolia);* braucht offenen Boden.
Rutenhirse *Panicum virgatum* (siehe Seite 134)	mehrjährig	Hohes Ziergras, das Horste bildet; toll auch für die Vase, aber nicht alles schneiden, damit es sich versamen kann.
Salbei *Salvia officinalis* (siehe Seite 80)	Halbstrauch	Hält auch im Winter im Kräuterbeet die Stellung; durch Absenker und Stecklinge gut zu vermehren; Verwandte wie der Steppensalbei *(S. nemerosa)* versamen sich gut selbst, experimentieren lohnt sich.
Schachbrettblume *Fritillaria meleagris* (siehe Seite 103)	Zwiebelpflanze	In der Natur selten, im Garten, an feuchten Standorten, quicklebendig; bildet Samen und Brutzwiebeln – verteilen als anthropochore Nachhilfe.
Schafgarbe *Achillea millefolium* (siehe Seite 48)	ausdauernd	Heimische Wildpflanze, bildet unterirdische Ausläufer und versamt sich auch gern, bewächst Wiesen, magere Standorte, Fugen und Mauern; einfach zu jäten, aufdringlich wird sie aber selten.
Scharfer Mauerpfeffer *Sedum acre* (siehe Seite 92)	ausdauernd	Breitet sich reichlich aus: Als Regenschwemmling werden die Samen bei feuchtem Wetter weggespült. Was liegen bleibt, tragen die Ameisen weiter. So kann er Mauern von alleine bewachsen und so machen es auch noch viele andere *Sedum*-Arten.
Schleierkraut *Gypsophila paniculata* (siehe Seite 24)	ausdauernd	Als windverbreiteter »Steppenroller« kommen die Samen im dichten Gartendschungel nur schwer voran; Nachhilfe durch Aussaat der getrockneten Samen.
Schleifenblume *Iberis sempervirens* (siehe Seite 132)	mehrjährig	Immergrün, im Frühjahr voller weißer Blüten; bildet langsame Ausläufer oder Polster, auch fürs Dach oder den Balkon geeignet.

Deutscher Name *Botanischer Name*	**Lebenszyklus**	**Fördern und Lenken**
Schlüsselblume *Primula veris* (siehe Seite 26)	ausdauernd	Blüht schon früh im Jahr und bietet erstes Bienenfutter, bildet kurze Ausläufer und reichlich Samen in offenen Kapseln, die der Wind verteilt.
Schmalblättrige Studentenblume *Tagetes tenuifolia* (siehe Seite 78)	einjährig	Die duftende Tagetes blüht, fruchtet und versamt sich, wenn der Blütenstand stehen bleibt; Samen sammeln und aussäen oder mit dem Schnittgut mulchen geht auch. Schnecken mögen diese Tagetes-Art nicht.
Schmuckkörbchen *Cosmea bipinnatus* (siehe Seite 76)	einjährig	Sommerblumen in vielen Farben, die dann im nächsten Jahr bunt und zahlreich wiederkommen, wenn die abgeblühten Pflanzen stehen bleiben; liebt offene und leichte Böden.
Schneeglöckchen *Galanthus nivalis* (siehe Seite 120)	Zwiebelpflanze	Vermehren sich über Brutzwiebeln und Samen; Samenkapseln unbedingt stehen lassen; Ameisen tragen die Samen wegen der Elaiosomen weiter; Horste teilen hilft nach.
Schneemarbel *Luzula nivea* (siehe Seite 134)	ausdauernd	Samen werden von Ameisen verteilt; verbreitet sich zudem horstig über Ausläufer, auch um Baumwurzeln herum. Wo sie zu wild wird, vor der Samenreife jäten.
Schnittlauch *Allium schoenoprasum* (siehe Seite 127)	mehrjährig	Legt immer neue Tochterzwiebelchen an, Verpflanzen verbreitet ihn schneller; versamt sich aus kugeligen Samenständen; wo er nicht erwünscht ist, einfach rausziehen.
Schöllkraut *Chelidonium majus* (siehe Seite 64)	zweijährig	Überall, weil reisefreudig mit dem Ameisentaxi unterwegs, auch in Mauern und in Pflasterfugen. Erkennbar am gelben Milchsaft in den Stängeln.
Schwimmendes Laichkraut *Potamogeton natans* (siehe Seite 89)	ausdauernd	Sein Samen verbreitet sich im Wasser über die Füße und den Verdauungstrakt von Wasservögeln; bildet Rhizome. Kommt meist von alleine, verbreitet sich kräftig. Pflanzen herausfischen, wenn sie sich zu breitmachten.
Seifenkraut *Saponaria officinalis* (siehe Seite 85)	mehrjährig	Ungefüllte Wildpflanze wählen, dann bilden sich reichlich Samen in Kapseln aus; verbreitet sich vor allem durch unterirdische Ausläufer; abschneiden, wenn es zu viel wird. Für kleinere Flächen: Kleines Seifenkraut *(S. ocymoides)*.
Sonnenauge *Heliopsis helianthoides* (siehe Seite 78)	ausdauernd	Bildet durch unterirdische Ausläufer Horste und lässt sich, wenn nötig, durch Rhizomteilung gut vermehren; ungefüllte Sorten wählen.

Deutscher Name *Botanischer Name*	Lebenszyklus	Fördern und Lenken
Sonnenhut *Rudbeckia* (siehe Seite 78)	ausdauernd	Unterschiedliche Arten, auch die der Schein-Sonnenhüte *(Echinacea)*, bilden eine bunte Mischung, sie werden dank ihrer Ausläufer die perfekte Mannschaft bilden, üppige Tuffs und Einzelpflanzen in den Lücken.
Sonnentau *Drosera rotundifolia* (siehe Seite 133)	mehrjährig	Wild nur noch in den wenigen intakten Mooren, in passendem Substrat auch für Balkon und Kübel, von dort schaffen es die Samen vielleicht auch bis zum Gartenteich.
Spanisches Gänseblümchen *Erigeron karvinskianus* (siehe Seite 99)	mehrjährig	Oft nicht winterhart, ideal für Mauern, Treppenränder und Fugen; versamt sich reichlich und bildet hübsche Kisssen, leicht anzusiedeln mit der Blumentopfmethode.
Spitzwegerich *Plantago lanceolata* (siehe Seite 104)	ausdauernd	Bildet mit Breitwegerich (*P. major*) an trittbelasteten Stellen eine sehr robuste Bodenbedeckung. Samen kleben an Füßen und Pfoten; wird er zu viel, jung jäten, Wurzeln komplett ausstechen.
Spornblume *Centranthus ruber* (siehe Seite 93)	mehrjährig	Versamt sich reichlich, einige Initialpflanzen unterschiedlicher Sorten reichen für eine indiviuelle Mischung. Wenn sie zu selbstständig werden, Blütenstände vor der Reife entfernen.
Springkraut *Impatiens* (siehe Seite 20)	einjährig	Dicke Schoten schleudern ihre Samen bei leichter Berührung viele Meter weit, besonders das sehr ausbreitungsstarke Drüsige Springkraut *(I. glandulifora)*. Schneiden und jäten. Nie in die freie Landschaft ausbringen, auch nicht als Pflanzenabfall.
Staudenlein *Linum perenne* (siehe Seite 119)	ausdauernd	Relativ ortsfest, versamt sich gut und wandert so weiter; mit seinen hübschen blauen Blüten gern gesehen, mag trockene Standorte.
Stauden-Sonnenblume *Helianthus* (siehe Seite 78)	mehrjährig	Arten und Sorten in vielen Farben und Größen; vermehren sich über unterirdische kurze Rhizome; Teilung im Herbst oder Frühjahr beschleunigt dies, Aushacken bremst.
Steinbrech *Saxifraga* (siehe Seite 94)	ausdauernd	Gattung mit vielen Arten und Sorten, wächst zwischen Pflaster und Kies, auch auf dem Dach; mit Ausläufern und der Blumentopfmethode breiten sie sich langsam aus.
Steinquendel *Calamintha nepeta* (siehe Seite 100)	mehrjährig	Auch Bergminze genannt, duftend mit zartblauen oder weißen Blüten, verbreitet sich durch reichlich Samen und unterirdische Ausläufer, ist aber relativ ortsfest; gut durch Teilung oder Blumentopfmethode zu vermehren.

Deutscher Name *Botanischer Name*	Lebenszyklus	Fördern und Lenken
Stockrose *Alcea rosea* (siehe Seite 76)	zweijährig	Pflanzen geht anfangs besser als Säen, danach kommen die Pflanzen alleine klar, die Samen suchen sich die besten Plätze selbst; wo sie eventuell stört, einfach herausziehen.
Storchschnabel *Geranium* (siehe Seite 76)	ausdauernd	In unzähligen Arten und Sorten; schleudern ihre Samen aus löffelförmigen Samenständen meterweit hinaus; je nach Art und Sorte bilden sie oberirdische Wurzelstöcke oder unterirdische Ausläufer; Nachhilfe durch Teilung und Verpflanzen von Teilstücken.
Strahlenlose Kamille *Matricaria discoidea* (siehe Seite 31)	einjährig	Wächst auf Wegen, in Beeten und Pflasterfugen; bei Regen werden die Samen klebrig und über Pfoten und Schuhwerk weitergetragen; lässt sich widerstandslos jäten, wo sie stört.
Sumpfdotterblume *Caltha palustris* (siehe Seite 87)	ausdauernd	Vermehrt sich über Rhizome und schwimmfähige Samen, Teilung im Frühjahr oder Herbst hilft dabei nach; ideal für feuchte Ecken und den Gartenteich.
Sumpfschwertlilie *Iris pseudacorus* (siehe Seite 88)	mehrjährig	Verbreitet sich rasch über Wurzelausläufer, die schwimmfähigen Samen kommen übers Wasser weiter, Wurzelteilung bringt sie am Anfang voran (Handschuhe anziehen, **giftig!**)
Sumpf-Veilchen *Viola palustris* (siehe Seite 89)	mehrjährig	An feuchten Standorten breitet es sich mit kriechenden Wurzeln aus. Vermehrt sich auch über Samen.
Teppichverbene *Phyla nodiflora* (siehe Seite 106)	ausdauernd	Trittfest, daher Rasenersatz; wächst flach und breitet sich rasch über kriechende Triebe aus; mag keine nasskalten Winter, erholt sich aber rasch wieder.
Thymian *Thymus* (siehe Seite 100)	ausdauernd	Thymian hat man nie genug. Am besten verschiedene Arten und Sorten pflanzen, was sich wohl fühlt, bleibt selbstständig im Garten. Vermehrt sich über Absenker und Samen, Nachhilfe durch Stecklingspflanzung (vom Rückschnitt).
Topinambur *Helianthus tuberosus* (siehe Seite 103)	mehrjährig	Einmal im Garten, bleibt er, treibt gelbe Blüten und essbaren Knollen, Teilstücke genügen für den Neuaustrieb. Kann wuchern, deshalb fleißig ernten.
Traubenhyazinthen *Muscari* (siehe Seite 122)	Zwiebelpflanze	Ihre Kapselfrüchte sind Sommersteher, die kleinen Samen fallen mit Wind und Regen aus. Deshalb genügend Blüten und Samenstände stehen lassen!

Deutscher Name *Botanischer Name*	**Lebenszyklus**	**Fördern und Lenken**
Tulpen *Tulipa* (siehe Seite 122)	Zwiebelpflanze	Oft wenig selbstständig, einen Versuch wert sind Wild-Tulpen (botanische Tulpen) wie *T. tarda* oder *T. sylvestris*. Blätter stehen lassen, bis sie vergilbt und eingezogen sind.
Tüpfelfarn *Polypodium vulgare* (siehe Seite 82)	ausdauernd	Sporen verbreiten sich mit Wind und Wasser, er bildet über Wurzelausläufer dichte Bestände; mit der Blumentopfmethode gelingt der Start.
Türkischer Mohn *Papaver orientale* (siehe Seite 118)	ausdauernd	Staudenmohn, der bleibt, wo er gepflanzt wurde. Bildet wie alle Mohnarten Porenkapseln, die Samen verstreut der Wind.
Vogelknöterich *Polygonum aviculare* (siehe Seite 105)	einjährig	Macht Asphalt und trockene Lücken mit seinen trittfesten Ausläufern grün; ist dort, wo sonst nichts kommt. Samen sind sehr lange keimfähig.
Vogelmiere *Stellaria media* (siehe Seite 63)	einjährig	Wächst fast überall, gerne auf stickstoffreichem Boden, in den Samenkapseln bilden sich lange lagerfähige Samen. Kommt nach dem Jäten sicher wieder.
Wald-Erdbeere *Fragaria vesca* (siehe Seite 77)	mehrjährig	Kommt mit Ausläufern und Früchten, die herunterfallen und von Tieren verbreitet werden, durch den ganzen Garten und in kleinste Lücken. Ausläufer abschneiden oder hacken, wenn es zu viel wird.
Waldmeister *Galium odoratum* (siehe Seite 82)	mehrjährig	Bodendecker und wohlriechendes Frühlingsgrün für halbschattige bis schattige Plätze; vermehrt sich durch Ausläufer, Nachhilfe durch Teilung.
Waldreben *Clematis* (siehe Seite 39)	ausdauernd	Gewünschte Art oder Sorte pflanzen und die Federsamen fliegen lassen, an geeignetem Ort keimen neue Pflanzen; schneller und gezielter: durch Absenker vermehren.
Wald-Scheinmohn *Meconopsis cambrica* (siehe Seite 80)	einjährig	Mohn für den Halbschatten, den Samen verteilt der Wind aus länglichen Streudosen. Vor der Reife eingreifen, um zu viel Überschwang zu lenken, junge Pflanzen jäten.
Wasserdost *Eupatorium cannabinum* (siehe Seite 103)	mehrjährig	Bildet reichlich behaarte Samen, die der Wind verbreitet; einmal ausgebracht, bleibt er im Garten, sucht feuchte Stellen. Bei Schmetterlingen sehr beliebt.
Wegmalve *Malva neglecta* (siehe Seite 80)	einjährig	Früchte und Samen verteilen sich mit dem Wind und heften sich an Tiere. Bei Nässe werden sie klebrig und reisen ebenfalls mit tierischer Unterstützung zu neuen Orten (so auch *M. sylvestris* oder *M. moschata*). Leicht zu jäten, stören aber selten.

Deutscher Name *Botanischer Name*	Lebenszyklus	Fördern und Lenken
Weiße Taubnessel *Lamium album* (siehe Seite 84)	mehrjährig	Die Insektenfutterpflanze verbreitet sich unterirdisch durch Wurzelausläufer, die Samen werden von Ameisen verteilt. Wenn sie zu drängelig wird, einfach jäten.
Weißer Fuchsschwanz *Amaranthus albus* (siehe Seite 24)	einjährig	Pionier, wird in Stängelfetzen vom Wind herangetragen. Er ist im Garten gut verträglich, weil er nur offene Stellen bewächst und diese dann anderen überlasst.
Weißklee *Trifolium repens* (siehe Seite 117)	mehrjährig	Wer keinen englischen Rasen braucht, wird Klee in der Blumenwiese haben wollen; ansiedeln mit Saatgut oder Schnittgutübertragung möglich. Er breitet sich kriechend durch Ausläufer aus.
Wiesenbocksbart *Tragopogon pratensis* (siehe Seite 68)	einjährig	Zieht mit seinen gelben Blütenkörben viele Insekten an. Die Samen gehen als Flugschirmchen auf die Reise und keimen bevorzugt in Wiesen und am Wegesrand. Wenn er stört, ausreißen und die Stängel wie Spargel essen.
Wiesenflockenblume *Centaurea jacea* (siehe Seite 113)	ausdauernd	Die lila blühende Wiesenblume wird durch Aussaat an den Start gebracht, vermehrt sich durch Wind und Tiere sowie vegetativ durch Ausläuferbildung.
Wiesenkerbel *Anthriscus sylvestris* (siehe Seite 114)	zweijährig	Säen oder pflanzen, die weißen Dolden stehen lassen, bis der Samen ausgestreut und ausgeflogen ist; dann kommt er immer wieder; wird es zu viel, stutzen und jäten.
Wiesenmargerite *Leucanthemum ircutianum* (siehe Seiten 114)	mehrjährig	Typische Sommer-Wiesenblume, kommt immer wieder und wandert im Garten umher. Ausreichend Korbblüten stehen lassen, damit sich die Samen verteilen. Für Magerwiesen: *L. vulgare*.
Wiesenpippau *Crepis biennis* (siehe Seite 113)	zweijährig	Gelb blühender Korbblütler für Wiesen, Wegränder und Blumensäume, dessen Samen der Wind als Pusteblumen verbreitet.
Wiesensalbei *Salvia pratensis* (siehe Seite 114)	mehrjährig	Einmal gesät, bleibt der Tier- und Windstreuer sowie Regenballist lange Jahre und wandert durch den Garten.
Wiesenschaumkraut *Cardamine pratensis* (siehe Seite 114)	mehrjährig	Die lila blühende Wildpflanze liebt sonnige, feuchte Plätze, bildet Schleuderschoten und vermehrt sich so selbst.
Windenknöterich *Fallopia convolvulus* (siehe Seite 96)	einjährig	Berankt in freier Wildbahn Heckensäume, wer ihn im Garten haben will, sollte ihn scharf im Auge haben. Samen sind Regenschwemmlinge, junge Keimlinge sofort jäten.

Deutscher Name *Botanischer Name*	**Lebenszyklus**	**Fördern und Lenken**
Winterling *Eranthis hyemalis* (siehe Seite 36)	Zwiebel- pflanze	Macht den späten Winter zur gelben Freude. Breitet sich mit feinem Rhizom aus, braucht aber ein bisschen Ruhe, um sich zu etablieren, Samen sind Regenschwemmlinge.
Wollziest *Stachys byzantina* (siehe Seite 107)	mehrjährig	Breitet sich kriechend zu kleinen Polstern aus, durch Teilung oder Samenausstreuen noch schneller zu vermehren. Hübsche Bienenweide mit flauschigen Blättern.
Zartes Federgras *Stipa tenuissima* (siehe Seite 134)	mehrjährig	Liebt Sonne und trockene Böden, im Austrieb hellgrün, die Blütengrannen wogen sacht im Wind. Kurzlebig, versamt sich aber reichlich; wo es stört, leicht zu jäten.
Zaunwinde *Calystegia sepium* (siehe Seite 96)	ausdauernd	Kletterpflanze mit langen Triebe und einem reichhaltigen Wurzelgeflecht; immer wieder stutzen, nicht reißen, wenn es zu viel wird, sonst treibt das Rhizom neu aus.
Zimbelkraut *Cimbalaria muralis* (siehe Seite 90)	ausdauernd	Samen keimen im Dunkeln, die Fruchtstiele legen sie oft schon in Fugen und Ecken ab; für die Mauer, Steingärten, Gehölzränder und Schattengärten.
Zitronenmelisse *Melissa officinalis* (siehe Seite 105)	ausdauernd	Horst bildende Kräuterpflanze, sät sich mal hier, mal da aus, wird selten aufdringlich. Jäten, wo sie stört, und als Tee- oder Limonadenkraut ernten.
Zittergras *Briza media* (siehe Seite 109)	ausdauernd	Mag am liebsten Magewiesen; sehr selbstständig über Ausläuferbildung und Flugsamen. Bei Nässe haften die Samen an Fell und Füßen, auch nach viel Regen noch keimfähig.
Zottiger Klappertopf *Rhinanthus alectorolophus* (siehe Seite 114)	einjährig	Die geflügelten Samen klappern in den Kapseln, wenn man sie schüttelt – und sie fallen heraus und werden vom Wind weitergetragen. Verbreitet sich auf Wiesen, denn er braucht als Halbschmarotzer Gräser in der Umgebung.
Zweiblättriger Blaustern *Scilla bifolia* (siehe Seite 123)	Zwiebel- pflanze	Früher Frühlingsblüher; verschiedene Sorten gemischt pflanzen für eine individuelle Mischung. Blühen und versamen lassen, Ameisen übernehmen die Verbreitung. Brutzwiebeln werden auch von Wühlmäusen verteilt.
Zwerg-Glockenblume *Campanula cochleariifolia* (siehe Seite 95)	ausdauernd	Hübsche, durch unterirdische Ausläufer umherwandernde, kleine Glockenblume; mag kalkhaltigen Boden; schön im Steingarten, in Pflasterfugen, auf Mauerkronen oder als Dachbegrünung.

Zum Weiterlesen

Ulrike Aufderheide: **Rasen und Wiesen im naturnahen Garten,** pala-verlag
Ulrike Aufderheide: **Schöne Wege im Naturgarten,** pala-verlag
Brunhilde Bross-Burkhardt: **Lob des Unkrauts,** Haupt Verlag
Natalie Faßmann: **Auf gute Nachbarschaft,** pala-verlag
Natalie Faßmann: **Beinwelljauche, Knoblauchtee & Co.,** pala-verlag
Norbert Griebl: **Mein ungezähmter Garten,** Haupt Verlag
Brigitte Kleinod: **Nachts in meinem Garten,** pala-verlag
Brigitte Kleinod und Friedhelm Strickler: **Naturnahe Dachbegrünung,** pala-verlag
Bruno P. Kremer: **Blütengeheimnisse,** Haupt Verlag
Bärbel Oftring: **Wird das was oder kann das weg?,** Franckh-Kosmos-Verlag
Marlies Ortner: **Saatgut aus dem Hausgarten,** ökobuch Verlag
Jonas Reif: **Black Box Gardening,** Verlag Eugen Ulmer
Sigrid Tinz: **Wildkräuter und Naturabenteuer**, Verlag Eugen Ulmer
Reinhard Witt: **Naturnahe Rosen.** Verlag Dr. Reinhard Witt

Gut, wenn der Blütennachschub nicht ausgeht!

Bezugsquellen für Pflanzen und Saatgut

Deutschland

Rühlemann's Kräuter & Duftpflanzen
Auf dem Berg 2
27367 Horstedt
www.kraeuter-und-duftpflanzen.de

Bioland Hof Jeebel
Biogartenversand
Jeebel 17
29410 Salzwedel OT Jeebel
www.biogartenversand.de

Lichtenborner Kräuter
Twetgenweg 10
37181 Hardegsen-Lichtenborn
www.lichtenborner-kraeuter.de

Dreschflegel
In der Aue 31
37213 Witzenhausen
www.dreschflegel-saatgut.de

Kräuter- und Wildpflanzengärtnerei Strickler
Lochgasse 1
55232 Alzey-Heimersheim
www.gaertnerei-strickler.de

Appels Wilde Samen GmbH
Brandschneise 2
64295 Darmstadt
www.appelswilde.de

Rieger-Hofmann GmbH
In den Wildblumen 7 – 11
74572 Blaufelden-Raboldshausen
www.rieger-hofmann.de

Hof Berg-Garten
Großherrischwand
Lindenweg 17
79737 Herrischried
www.hof-berggarten.de

Staudengärtnerei Gaißmayer
Jungviehweide 3
89257 Illertissen
www.gaissmayer.de

Österreich

Voitsauer Wildblumensamen
Voitsau 8
3623 Kottes-Purk
www.wildblumensaatgut.at

Wilde Blumen OG
Puchheimer Straße 9
4844 Regau
www.wildeblumen.at

Gartenbau Wagner
Gutendorf 36
8353 Kapfenstein
www.gartenbauwagner.at

Schweiz

Neubauer
Biogärtnerei & Naturgärten
Lenzenhausstrasse 9
8586 Erlen
www.neubauer.ch

Die Wildstaudengärtnerei
Neumühle 2
Waldibrücke
6274 Eschenbach
www.wildstauden.ch

Wolf Richard Günzel:
Lebensraum Gartenteich
ISBN: 978-3-89566-262-1

Brigitte Kleinod und
Friedhelm Strickler:
Schön wild!
ISBN: 978-3-89566-367-3

Werner David:
Fertig zum Einzug:
Nisthilfen für Wildbienen
ISBN: 978-3-89566-358-1

Uwe Westphal:
Mehr Platz für den Spatz!
ISBN: 978-3-89566-353-6

Ulrike Aufderheide:
Der sanfte Schnitt
ISBN: 978-3-89566-320-8

Agnes Pahler:
Das Kompostbuch
ISBN: 978-3-89566-315-4

Irmela Erckenbrecht und Rainer Lutter:
Der Spielgarten
ISBN: 978-3-89566-313-0

Ulla Grall:
Bohnen – vom Garten in die Küche
ISBN: 978-3-89566-298-0

Gesamtverzeichnis bei:
pala-verlag, Rheinstraße 35, 64283 Darmstadt, www.pala-verlag.de

ISBN: 978-3-89566-372-7

Rheinstraße 35, 64283 Darmstadt
www.pala-verlag.de

Bildnachweis:
Seiten 8, 14, 40, 47, 57, 68, 70, 95, 112, 117, 143: Helmut Hechtbauer
Seite 21: Claudia Molnar
Seiten 32, 49, 67, 91 (unten), 96 (links), 102: Barbara Reis
Seiten 42, 91 (oben), 94, 118, 131: Werner David
Seite 51: Kerstin Lüchow
Seiten 63 (Mitte rechts, unten Mitte), 85, 101, 121 (rechts), 129: Christina Mann
Seite 75 (oben links): Irmela Erckenbrecht
Seite 75 (oben rechts): fotolia / ela110
Seite 77: fotolia / Schmutzler-Schaub
Seite 111: fotolia / Bernhard Sandner (oben links), pusteflower9024 (oben Mitte), Andrea Wilhelm (oben rechts), Christine Kuchem (unten rechts)
alle anderen Fotos: Sigrid Tinz
Umschlagfotos (vorne): fotolia / meteo012 (großes Foto), fotolia / Eileen Kumpf (unten links), Kerstin Lüchow (unten Mitte), Werner David (unten rechts)
Umschlagfotos (hinten): Claudia Molnar

Illustrationen: Margret Schneevoigt

Lektorat: Barbara Reis

Satz und Gestaltung: Die Werkstatt Medien-Produktion GmbH

Druck und Bindung: BELTZ Bad Langensalza GmbH
www.beltz-grafische-betriebe.de
Printed in Germany

Gedruckt auf
100% Recyclingpapier